SOB O CÉU DE SAMARCANDA

Do Autor:

Elegia de Agosto e outros poemas

A Guerra do Gato
Infantil

De Paixões e de Vampiros
Romance

RUY ESPINHEIRA FILHO

SOB O CÉU DE SAMARCANDA

POEMAS

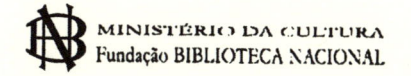

Copyright © 2009, Ruy Espinheira Filho

Capa: Silvana Mattievich

2009
Impresso no Brasil
Printed in Brazil

REPÚBLICA FEDERATIVA DO BRASIL

Presidente do Brasil
Luiz Inácio Lula da Silva

Ministro da Cultura
Juca Ferreira

FUNDAÇÃO BIBLIOTECA NACIONAL

Presidente
Muniz Sodré de Araújo Cabral

Diretora Executiva
Célia Portela

Coordenador-Geral de Pesquisa e Editoração
Oscar Manoel da Costa Gonçalves

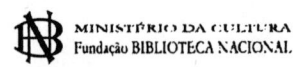

MINISTÉRIO DA CULTURA
Fundação BIBLIOTECA NACIONAL

CIP-Brasil. Catalogação-na-fonte
Sindicato Nacional dos Editores de Livros, RJ

E76s	Espinheira Filho, Ruy, 1942-
	  Sob o céu de Samarcanda: poemas/Ruy Espinheira Filho. — Rio de Janeiro: Bertrand Brasil: Fundação Biblioteca Nacional, 2009.
	  240p.
	
	  ISBN 978-85-286-1413-8
	
	  1. Poesia brasileira. I. Biblioteca Nacional (Brasil). II. Título.

09-5772	CDD – 869.91 CDU – 821.134.3(81)-1

Todos os direitos reservados pela:
EDITORA BERTRAND BRASIL LTDA.
Rua Argentina, 171 — 2ª andar — São Cristóvão
20921-380 — Rio de Janeiro — RJ
Tel.: (0xx21) 2585-2070 — Fax: (0xx21) 2585-2087

Não é permitida a reprodução total ou parcial desta obra, por quaisquer meios, sem a prévia autorização por escrito da Editora.

Atendimento e venda direta ao leitor:
mdireto@record.com.br ou (21) 2585-2002

SUMÁRIO

1.

SOB O CÉU DE SAMARCANDA 13
(2005-2009)

Canção do efêmero com passarinho e brisa 15
Soneto da perda 16
In angello cum libello 17
Reflexões ao crepúsculo 20
Epifania 22
Nuvens 26
Soneto noturno 28
Companhia 29
Ela 32
Canção de sonho e lembrança 34
Mulheres 35
Soneto de domingo e céu 38
Esse homem 39
Canção do inverno 42
Tardes 43
Preamar 44
De névoas e flamas 48

Os herdeiros 52
Canção da vida 54
Soneto dos olhos 57
Canção dos poderes insabidos 58
Carta 59
Visita 63
Arco-íris 67
Soneto do nome 70
Vinte anos 71
Soneto do sino e do tempo 75
Sombra 76
Estantes 78
Soneto de uma luz 81
Águas 82
História de amor e morte 85
Soneto de Uma 89
Anjos 90
Canção à boca da noite 92
Passeio 94
Mãe 96
Depois de certo tempo 99
Canção de uma brisa 101
Canção pluvial 102
Exílio 105
Plínio o Velho e a nuvem misteriosa segundo Plínio o Moço, e uma análise de Umberto Eco com breves considerações finais de um poeta seguramente *persona non grata* 109

São Paulo, 2007   116
Bilhete a Manuel Bandeira   117
O avesso e o espesso   119
O que somos   121
O poeta e seu leitor   123
Canção do poeta em mudança para Busca Vida   125
Sob o céu de Samarcanda   127
Manuscrito encontrado entre os papéis do poeta, em envelope lacrado que ele, infelizmente, nunca chegou a abrir   129
Reconhecimento   134
Soneto dos jabutis   138
Dedicatória   140
Espelho   142
Números   145
Transe   147
Soneto da última dentição   149
Em tempo   151
Os mortos   152
Canção que eu gostaria de não ter escrito   153
Mais um   155
Soneto de velhice e almas   156
Outro aniversário   157
A morte e o bom-dia   159
Poema para Henrique Marques Samyn, que se impressionou com a tristeza e a morte em minha poesia   161

2.

ROMANCE DO SAPO SECO:
UMA HISTÓRIA DE ASSOMBROS   163
(2005)

3.

SETE POEMAS DE OUTRA ERA   185
(1969-1975)

Graal   189
O possesso   195
Em Akdyr   201
Sobre o penhasco   207
Frio   213
Até que a vida nos separe   216
A ilha Maria   220

À memória de
Gey Espinheira
Guido Guerra
Affonso Manta
José Augusto Barretto
Vicente Sarno Neto.

A
Muniz Sodré
Edla Van Steen
Carlos Barral
Paulo Henriques Britto
Antônio José de Moura
Cristovão Tezza
Roniwalter Jatobá.

A
Rosemary Alves,
editora e amiga;

Matilde e Mario,
meus filhos;

Maria da Paixão,
por ontem, hoje
e amanhã.

Mas o coração continua.

Carlos Drummond de Andrade: "Consolo na praia".

1.
SOB O CÉU DE SAMARCANDA

(2005-2009)

CANÇÃO DO EFÊMERO
COM PASSARINHO E BRISA

É tudo mesmo bem pouco,
pois só há pouco me vi
chegando aqui e encontrando
o que nunca compreendi
— tanto que, perplexo, tanto
duvidei de estar aqui.
E nunca acreditaria
se não fosse um passarinho
afirmando: bem-te-vi!

Ainda escuto o seu trinado
garantindo-me o existir.
Mas precária garantia,
como aprendi com a brisa
de que se compõe o dia:
se o tempo passar um pouco,
nada mais que um pouco, logo
não estarei mais aqui.

SONETO DA PERDA

Perdeu aquele dia
e, com ele, a hora.
Tão perdido estava
que não fez o gesto

com que acenderia
o lume da aurora
que o guiaria
pelo mundo afora

desde aquele dia,
desde aquela hora,
ao longo da estrada

pela qual viria
para estar vivendo
outra vida agora.

IN ANGELLO CUM LIBELLO

a Antonio Carlos Secchin

Nunca me procurem
aqui, neste canto.
Pois, se aqui estou,
não estou, no entanto.

Na verdade, aqui
há só a aparência
de alguém que se vai
longe em sua essência.

Longe como estão
os sábios, as fadas
e — encobertas Ilhas —
as Afortunadas.

Porque, neste canto,
só não sou alheio
ao que vou sonhando
naquilo que leio;

aos sonhos que sonham
seus sonhos em mim,
contando de mundos
e almas, sem fim.

Por isso não falem,
porque eu nada escuto.
Envolto no Tempo
e no Espaço, luto

as lutas do bem
e do mal dos homens
— conflagrados de anjos
e de lobisomens —,

nos cumes da noite,
nos vales do dia,
sobretudo onde
ressoe a Poesia.

Quem quiser seguir-me
(caso haja esse ardor)
que desfralde o seu
tapete voador

e voe nas palavras
ao mundo dos vivos.
Quem sabe me encontre
em prélios de argivos,

santos, saltimbancos,
ou com garamantas,
no sonho de um sonho
às páginas tantas...

REFLEXÕES AO CREPÚSCULO

Foi-se o que era alegre e lindo
e veio o que é triste e torvo.
Veio e ficou, frio infindo
como um nunca mais de corvo.

Mas o que existe de infindo?
De nunca mais? O estorvo
pior também se vai, fugindo
como nas asas de um corvo.

E eis que o que é alegre e lindo
exorciza o triste e o torvo.
Mas também não é infindo,
como um nunca mais de corvo.

E assim faz-se a vida: indo
tanto em penugem de corvo
como em alegria abrindo
manhãs no que era torvo.

E quando, um dia, for findo
o prélio entre o lindo e o torvo,
tudo será mesmo infindo,
mais que um nunca mais de corvo.

EPIFANIA

Alguns anos não consigo
deixar nas águas do Lete:
os teus catorze morenos
e os meus magros dezessete.
Muitas coisas se afogaram,
e rostos, e pensamentos,
e sonhos, e até paixões
que eram imortais...
                    Porém,
os meus magros dezessete
e os teus catorze morenos
não entram nem em reflexo
nesse Rio do Esquecimento.

Que magia nos levou
a um espaço e a um momento
para que de nós soubéssemos:
tu, meus magros dezessete;
eu, teus catorze morenos?
Que astúcia do Imponderável
nos abriu aqueles dias
que permanecem tão claros

como quando nos surgiram?
Eu não sei. Mas sei que a vida
nunca mais me foi vazia.

Como não foi fácil, nunca,
por tanto me visitarem
os Arcanjos da Agonia.
Pois, se fui iluminado
por estarmos lado a lado
— os teus catorze morenos
e os meus magros dezessete —,
seria fatal que também
viesse a sentir a alma
em chagas multiplicadas
por setenta vezes sete.

Ah, os teus catorze morenos
e os meus magros dezessete!...
Quanto sofrimento fundo
— mas quanto sonho profundo
e alto!
                    Que belo mundo
foi-me então descortinado,
porquanto me era dado
o privilégio preclaro
de penar de amor no claro,
no escuro, em todas as cores,

em todos os tons da vida,
dia e noite, noite e dia,
varrido ao vento das asas
dos Arcanjos da Agonia
(que eram, por algum prodígio,
os mesmos da Alegria!...).

Ah, que por mim chorem flautas,
pianos, violoncelos,
as cachoeiras, os céus
comovidos dos invernos...
Chorem, chorem, que mereço
essas lágrimas, porque
tudo sofri no mais pleno
de paraísos e infernos.
Que chorem...
                 Mas eu, eu mesmo,
não choro... Como chorar,
se mereci essa dádiva
de um amor doer na vida
por setenta vezes sete
mais que qualquer outra dor,
mais que qualquer outro amor?
Só me cabe agradecer,
pois a vida perderia
(e, o que ainda é mais cruel,
sem nem saber que a perdia...)

se não provasse os enredos,
insônias, febres, venenos
que em meus magros dezessete
acendeu a epifania
dos teus catorze morenos!

NUVENS

O que marulha neste resto de sono
antes do amanhecer
é o cheiro do quarto em que dormi
na juventude
um cheiro de pequeno mundo particular
sem janela mas com duas portas
e prateleiras com volumes
datados da infância
e mais cronistas, poetas e filósofos
tirados das estantes do pai
leituras perturbadas sempre
por certo perfil, certa voz, certos
olhos
que não se iam de mim
nem se foram depois
(embora hoje permaneçam
de um modo apenas caricioso)
e então saio e caminho
fumando
uma cigarrilha que dura
de casa à entrada do ginásio
caminho sob

o ouro solar ainda ameno
ao longo de calma e mulheres
que varrem os passeios das últimas
sombras da noite
                        e tudo ainda
está por vir e é como vastidão
em que me sonho em vários tons
luminosos
que acabaram dando neste ar
abafado
de apartamento
onde estaria morto se não pudesse
voltar
ao cheiro de um quarto antigo
e aos passos de um que caminha
em ouro suave e fumando as nuvens
do infinito.

SONETO NOTURNO

Penso na noite como um rio profundo
e lembro coisas deste e de outro mundo.
Outros mundos, aliás, que a vida é vasta
como diversa. E mesmo assim não basta,

o que nos faz tecer ainda outras vidas
nas nuvens da alma, e que nos são vividas
com tanta força quanto as outras mais,
em seus sonhos de agora e de jamais

(ou melhor: com mais força, pois que estamos
ainda mais vivos no que nos sonhamos).
Penso na noite como um mar sem fim

quebrando sombras sobre o cais de mim.
E, enfim, sem esperanças e sem prece,
pressinto a noite que não amanhece.

COMPANHIA

a Affonso Manta,
in memoriam

E ele disse ao seu amigo
de velha e grave amizade:
logo que me aposentar,
voltarei a esta cidade;

caminharemos de novo,
ao longo das ruas quietas,
da sonolência das praças,
falando de vida e poetas;

conversaremos, como antes,
até a noite se abrir
sobre o jardim silencioso.
Até a lua florir.

E então o amigo sorriu:
respondeu não ver a hora
de se dar esse regresso
mais que à cidade — a outrora...

Isto é o que ele vai lembrando,
parado diante do mar
(que antes estava em distância
de quase nunca acabar),

surpreso de saber que,
em vez de ele regressar,
eis que é o amigo que chega
para a seu lado ficar.

O companheiro de sempre,
mesmo riso, mesmo porte,
mesmos passos, mesmos versos:
em nada o mudou a morte.

E ambos sorriem, na tarde,
respirando o azul do mar
(que cheira a flores antigas
e terra de outro lugar),

ao tempo em que, suavemente,
caminham ruas e praças,
entre o infinito do sonho
e o pôr do sol nas vidraças;

e assim seguirão, serenos,
falando de vida e poetas,
por essas praças e ruas
só de andorinhas inquietas,

até que os dois anoiteçam
na noite que vai se abrir
sobre os horizontes todos.
Sem lua para florir.

ELA

A princesa que tu amas
está sempre noutras partes
de mundo e vida, encantada
pelo anjo das malasartes.

Febril, delirante, invocas
aquela que tanto amas.
Ninguém te ouve: só há a noite
e esse pranto que derramas.

O anjo das malasartes
a mantém além, aérea,
doce brisa sobre as nuvens,
aroma de rosa etérea.

Calculas que poderias
esse anjo tão perverso
transformar em cinza, em nada,
com o puro ardor do teu verso

(embora tão desprezado,
até nas mais altas flamas,
nada acendendo nos olhos
da princesa que tu amas).

Ah, como suave seria
a vida, depois de extinto
o que te compõe a alma
de abismos, trevas, absinto.

Mas nada podes fazer
contra o assombro dessas artes
sem que te apagues também
no ocaso das malasartes,

porque bem sabes (certeza
como dor de morte em chamas)
que o anjo das malasartes
é a princesa que tu amas.

CANÇÃO DE SONHO E LEMBRANÇA

Esta tarde lembra um sonho
que é um sonho que me lembra
céus rasgados de janeiro,
velhas canções de dezembro.

Esta tarde lembra o sonho,
o sonho relembra um rio,
o rio sonha um menino
feito de água e de frio.

Feito de nuvens, campinas,
anterior ao adeus,
cintilando de si mesmo,
brincando de espuma e Deus.

Menino, rio, nuvens, tarde
cheirando a terra e jasmim:
sonho que cintila e arde
no azul de lembrar-se em mim.

MULHERES

Essas mulheres que se foram, ou essas
das quais me fui,
penso nelas agora
e há muito tempo,
não só como lembrança de corpos
ou gestos e palavras,
mas com visões interiores
de onde e como podem estar
e ser
em sonhos matinais ou frias
notícias de pôr do sol,
ou ainda
numa vida tão nova que tudo foi
esquecido
tanto
que pode ser repetido
sem remorsos ou receio
do que virá,
porque jamais se pode crer
que virá.

Penso nelas com amor. Não como as amei outrora,
mas como foram-se acomodando em mim
ano após ano, umas
com cálida harmonia, outras
com certo incômodo, outras
de modo fragmentário, e algumas
tão sutilmente que talvez
sejam apenas um movimento ilusório
da alma.

Penso nelas e as vejo
como estão hoje e tudo faço
para que o tempo tenha passado
de leve sobre seus rostos.
Vejo-as sentadas, hirtas ou em repouso.
Vejo-as andando, indo à noite, ao mar.
Vejo-as vestidas suntuosamente
e mais suntuosamente
nuas.

Penso nessas mulheres e as vou
fabulando serenas e tão saciadas
de amor e sexo que nunca pensam
neste que nelas pensa há muito e sempre.
O que não importa, porque o que conta
é o que penso, o que invento delas,
de suas vidas hoje,
não para consolá-las, que nada sabem,

mas como um afago
em mim.

Essas mulheres, essas luzes, esses
aromas,
tudo é meu.
      (E delas também, um pouco,
que parte de suas vidas nelas inventei,
por simples contágio de mim,
quanto partilhávamos os aromas
e as luzes,
assim como em mim fui inventado
por elas,
nós todos recíprocos
nas luzes e nos
aromas.)

Penso nessas mulheres como
praias, bosques, horizontes
em dia claro e às vezes
relâmpagos de treva. Essas mulheres
que de mim nunca se vão,
como delas não me irei
jamais.

SONETO DE DOMINGO E CÉU

Céu de domingo como um nevoeiro.
Tenho pena dos anjos na cinzenta
planície que por certo desalenta
qualquer voo mais gracioso. E onde o Porteiro

terá talvez perdido o seu chaveiro
nas névoas (a visão, outrora atenta,
aguda, deve estar também nevoenta,
que o tempo passa até para o Primeiro,

a Pedra). E vai-se a tarde, e desalenta,
com essa bruma, e tudo é sem encantos,
e toda a luz que existe é triste, poenta.

E é só o que é o céu, assim: opaco, inteiro
dessa vaga matéria de que os santos
e anjos e Deus são feitos: nevoeiro.

ESSE HOMEM

Quando ele pisar as ruas
de tua cidade,
não ouvirás seus passos.
Nada dele,
nem o mínimo hálito,
te levará o vento pesado
de pó e química.

Nenhuma diferença no teu dia
de anjo caído e sem memória dessas
mitologias
em que ele ainda transita de alma
anciã.

Nada desse homem.
Nada dele,
há muito tempo.
Nada dele,
mesmo antes da Queda.
Nada
de nada.

Ele, porém,
terá atento os ouvidos
ao teu nome; os olhos,
a qualquer possível movimento
de asa; o olfato,
a certo aroma; as mãos,
à mais leve carícia; a tudo atento
o coração,
a tudo, embora
exausto.

Nada ouvirás, nada verás,
não sentirás nada
desse que pisará as ruas de tua cidade
babilônica. Nada
saberás.

Mas ele
não se importará.

Já faz tempo não se importa,
que tudo leva em si:
esse mundo muito antigo
sobre o qual pairas
              (ainda e sempre
              o anjo
antes da Queda),

até que seja feito
o gesto de baixar
o pôr do sol.

CANÇÃO DO INVERNO

Faz tempo que cai
a chuva cinzenta
no longo vazio
da rua onde, lenta,

minha alma vai
como nevoenta
brisa em que se embala
a chuva cinzenta.

E faz-se a canção
do inverno assim:
com as cinzas da chuva
e o frio de mim.

TARDES

As pétalas cinzentas do céu
fizeram de você novamente um menino
noutra tarde de junho
até que de repente lhe trouxeram um uísque
e as vozes se elevaram
e você se retornou um homem quase velho
que nada lembra o da história
que o menino escrevera confiante
sob uma tarde de junho
nas pétalas cinzentas do céu.

PREAMAR

> a Vinícius de Moraes,
> *in memoriam*

Ela nascia das águas...

O poeta navegava
em seu remanso de bar...

Vendo-a vir, ele sentiu
uma emoção se espraiar
com densa graça de onda
em força de preamar.

Deitou-se na areia a moça.
No bar, bebeu o poeta
os dois goles que faltavam
para o seu chope acabar.

A moça mais parecia
dormir no embalo do mar.

E parecia o poeta
disposto a se embriagar,
pois outro chope exigiu,
só num gesto, sem deixar,
por um segundo sequer,
de a moça na praia olhar.
E a olhava como num voo
sobre ela a se espraiar
em melodia de brisa,
afago de brisa, mas
com força de preamar.

E o tempo se foi passando
como costuma passar...

Então se mexeu a moça,
ergueu-se a se espreguiçar
e, como onda de sol,
voltou às ondas do mar.

O poeta sorriu, bebendo
o seu chope, devagar.

A moça, após um mergulho,
veio saindo das águas.
Veio vindo, veio vindo,
como se fosse canção
pela praia a se espraiar

e espraiando o sorriso
do poeta no seu bar.

Veio vindo, veio vindo
a moça vinda do mar.
Sentou-se em frente ao poeta,
toda orvalhada de mar.
E sorriu, a sua graça
espraiando-se no bar,
baixando sobre o poeta
com força de preamar.

Beijou-lhe as mãos o poeta
e com seu copo a serviu.
Então, pediu mais um chope.
Depois, mais dois. E disseram-se
palavras de ilhas e mar,
e nuvens, e azuis, e velas...
Tudo do fundo da alma,
com força de preamar.

E o tempo se foi passando
no seu jeito de passar...

E passando continua,
com força de preamar.
Navegam nele o poeta
e a moça vinda do mar.

E, enquanto ainda for tempo,
enquanto ainda tiverem
um tempo para passar,
o seu aroma de vida
irão os dois espraiar.

Com as forças do amor, mais fortes
que as ondas da preamar.

DE NÉVOAS E FLAMAS

Por onde anda o Anjo,
onde é que se esconde?
Não adianta dizer
que está em minha alma,
pois isto bem sei
e em nada me acalma.

Que na alma está,
como sempre, em névoas
e luzes de mim,
em seu corpo etéreo
e eterno enquanto
um sopro de vida
se sonhar em mim,
tudo o que sou eu
sabe intensamente
— e por isso canta,
vibra como um
sino de alegria! —,
porém o que quero
é saber por onde
se perde — ou em onde

se esconde — o outro Anjo,
que é o corpo do Anjo,
agora de mim
tão oculto assim.

Ah, o Anjo em seu corpo!
Muito menos leve
que o outro, de névoa.
Aliás, sem leveza
nenhuma, que Anjo,
já se sabe, é denso
de tal forma que
pode nos matar
mesmo com o mais leve
do seu toque mago
(ainda que breve,
ainda que afago).

O outro Anjo, o etéreo,
baila na lembrança,
carinhoso e aéreo...

O Anjo em seu corpo
é como um sol louco
que torna em estrelas
o opaco de nós,
que transmuda em chamas
o que era pó.

É por este Anjo
que pergunto agora,
lançando um apelo
pelo mundo afora,
pelos céus afora,
pela Vida afora!

Porque o outro Anjo,
aquele de névoa,
que a memória branda
na doçura rege,
é consolo, sonho,
às vezes (já disse)
sino de alegria
e (também às vezes)
cálida poesia,
mas falta-lhe o corpo,
um corpo de Anjo.
Que é o que estou buscando,
implorando, rouco,
por esse sol louco!

Que me venha o Anjo
em seu corpo, agora!
Quero-o todo aqui,
ou posso encontrá-lo
se me der qualquer
pista de seu Fado.

Preciso do Anjo
em seu corpo, o Anjo
pleno, mesmo que
depois de acender-me
me despreze em trevas.
Não importa, estou
já farto de névoas!

Preciso perder-me
nesse sol flamante,
sob o qual terei
— ainda que só
por ínfimo instante —
também corpo de Anjo!

OS HERDEIROS

Os de antes do asteroide
(ou do cometa, talvez)
deixaram seus grandes ossos
como uma vasta memória.

Nós, não deixaremos nada.

Porque a vida que vier
(como a que remanescer)
não terá arqueologias,
paleontologias e afins.
Como não tem a barata
como não tem o lagarto,
como não tem a lacraia,
nem o grilo, o gato, o rato,
a minhoca, o percevejo,
o ornitorrinco e o pato,
ainda menos a ameba,
entre outros mansos de espírito
que herdarão toda a Terra.

Assim, nada falará
desses milhares de anos
de agitações tão insanas
— inúteis, cruéis, humanas.
E tudo será apenas
vida a viver-se sem Tempo,
sem deuses, sem alma, sem
leste, oeste, norte, sul
— na esfera que vai girando,
girando... Ainda mais azul.

CANÇÃO DA VIDA

Tão injusta e louca
esta vida pouca,

a moça rimava
enquanto o olhava.

Olhava-o, porém
não via ninguém.

Olhar de viés
que via, através

daquele ou de quem
mais fosse, algo além,

decerto num canto
da alma o espanto

— sim: talvez o espanto
de um desencanto —

que a punha a cismar
e a murmurar

sobre a vida pouca,
tão injusta e louca.

Pássara de louça
essa bela moça:

vai filosofando
como se voando

— o que ele pensava
enquanto a fitava,

enquanto a escutava,
enquanto a adorava...

E enquanto sabia,
com melancolia,

quanto lhe cabia
do que ela dizia

(embora o dissesse
sem que lhe soubesse

a história da vida,
vivida ou perdida),

pois só lhe cabia
este fim do dia:

um dia de enganos
ao longo dos anos,

que bem poderia
ter sido outro dia

— mais claro, mais doce,
se acaso não fosse

tão injusta e louca
esta vida pouca.

SONETO DOS OLHOS

Tinha os olhos claros, claros
— dessa intensa claridade
que há no que é escuro, escuro.
Dessa densa claridade

que vem do âmago do escuro
e que cintila de negra
ofuscando tudo o mais
com sua flama noturna.

Dessa funda claridade
que vence todo o diurno
e impõe o sol mais agudo

do escuro extremo do escuro
Como diamantes de treva
onde se colhe a loucura.

CANÇÃO DOS PODERES INSABIDOS

Jamais ouviste
vozes veladas
contando de anjos,
unicórnios, fadas.

Não percebeste
a magia escusa
que em ti acendia
a lua da Musa.

Não soubeste mais
que a prosa do dia,
insciente da funda,
vasta poesia

que inventaste em mim
— tão fiel e forte
que há de me amparar
na hora da morte.

CARTA

O vento da noite
soprando as cortinas

ele embalado por um
cabernet sauvignon
escreve para ela

mesmo sabendo que se perderá
a carta
logo que a lançar no tempo
mesmo assim
escreve

porque não importa
que não chegue
porque só importa que ele
escreva
escreva escreva escreva
para decantar um pouco
não a alma do vinho
mas a sua própria
que

embora em corpo antigo
não se suaviza
e ainda esculpe em nuvens
traça caminhos na espuma
como se nada estivesse
morto.

Porque na verdade
não está
nada está morto

por isso ele escreve
porque só importa
que ele escreva
por causa do que em si
arde
ainda que num corpo
cálido apenas como
cinzas.

Por isso escreve
sabendo que
nada podem as palavras
(essa vela rota lançada
inutilmente
na espessa contrária corrente
do tempo)

porque tudo referve ainda
a muito mais que os graus
do vinho

por isso escreve
como se rezasse a si mesmo
numa era extinta

porque não é a ela
é a si mesmo que escreve
(porque nele é que ela habita
a luminosa)
frases como cilícios
flagelos
escreve escreve escreve

porque os sinos não param
de dobrar
por ele
e a memória se contorce
e assim é
e não de outro modo

e ele então rasgará as folhas escritas
e recomeçará
incapaz de uma pausa

mesmo
sem caneta sangrando
sobre o papel
escreverá
acordado ou dormindo
lançando a vela rota
tão longe como o que não foi
não chegou a ser
inflando
essas tramas fulgurantes
mesmo sabendo que são
indiferentes aos deuses

como cortinas sopradas
pelo vento da noite.

VISITA

Sempre quis fazer esta visita
todas as vezes que estive
na cidade,
mas havia a pressa, os compromissos, os outros
amigos. Assim é
o Tempo,
sabemos,
sempre escasso.
     O Tempo
que certa vez não
existiu.

Longamente não
existiu. Era só
uma palavra (em alguns casos,
por certo,
advertência)
que não ouvíamos enquanto
brincávamos ao sol, ou noite
adentro.

O Tempo: nada
nos preparou
para ele, veio
silencioso
como uma nuvem, uma estação
mais fria,
nevoenta,
por onde vagamos temerosos
do horizonte.

Mas hoje, enfim,
aqui estou.
     Na verdade,
já fiz esta visita
muitas vezes, tanto
revivi de nós
por estas ruas,
antigos de noites
e bares
e apenas dezoito anos,
cada um,
talvez dezenove,
não mais.
     Ah, um pouco
mais,
sim, quando
da última vez

que fomos juntos em busca do parceiro
com o violão.
                       E logo
me afastei para longe
por muitos anos.

Dos amigos, recordo
sempre
o que bebeu
até morrer tuberculoso
(pouco depois do pai,
pior: de câncer
venéreo).
                       Recordo
o que se matou com veneno
para formigas
num dia que vejo como paisagem
de cinzas. E recordo
outros e outros e outros,
mais felizes,
e a família numerosa,
e os pais jovens,
e moças tão belas
que ainda me iluminam
como um luar.

Sim,
muitas vezes já fiz
esta visita. E até

consegui imaginar,
quase com exatidão,
o pequeno túmulo em que moras,
perto
da cidade e do rio

e além do horizonte
da estação do
Tempo,
cada vez mais densa de névoa
e frio.

ARCO-ÍRIS

Assim como a amou
há muito tempo,
ainda a ama agora,
às vezes.

Às vezes, como depois
de certo tempo.
Como depois e depois
e depois. Como
agora.

Como, enfim,
ao longo de todo
o tempo. Até
nas situações mais
prosaicas:
                    estar comendo,
por exemplo,
um bife, ou ligando
o chuveiro, ou calçando
os sapatos.

Assim como a amou,
vem amando-a
aos sustos,
como brilhos em água
escura, pétalas
no deserto.

Continua amando-a mesmo
através
da tempestade de outros
amores, quando
ela emerge do caos
e às vezes fica,
longamente,
numa luz que nem de leve
adormece.

E assim é: como a amou
há muito tempo. Como
agora e certamente
depois e depois e
depois.

Porque
há muito tempo
não pode ser de outra forma.

E assim foi e assim sempre
será. Como
um arco-íris doloroso,
às vezes.

SONETO DO NOME

> *A noite vem do mar cheirando a cravo.*
> Sosígenes Costa

A noite vem do mar e traz teu nome,
que há muito tempo já não pronuncio.
Sonoro, ele revoa no vazio
de mim, sobre meus lábios. O teu nome

vem do mar nesta noite e me consome
mais uma vez. Reinventa, em chama e frio,
uma cidade em que nada é vazio,
pois em tudo há o perfume do teu nome.

E agora a lua vem beijar-me o rosto,
e é também teu perfume, que consome
a treva em minhas velas de sol-posto.

Sob esta luz o mundo inteiro some:
só há o luar compondo em mim teu rosto,
e o mar, que arde no aroma do teu nome.

VINTE ANOS

I

Nestes vinte anos
foram tantos sonhos que perdi a conta.
Sonhei-te maduro, sereno, às vezes chegando
de viagem
ou sorrindo em festas com teus vinhos
e músicas e elegantes
passos de dança,
e te sonhei muito jovem como
em certas fotografias,
ou como te conheci a princípio,
porque entre nós havia pouco mais
de vinte anos.

II

Mas, nestes vinte anos,
não foram apenas sonhos,
também perdi
a conta de nossos encontros

em dia pleno,
viva companhia.

Tanto assim
que às vezes sucediam certas coisas,
como na tarde em que peguei dois exemplares,
um para te presentear,
de um livro que acabava de sair,
só depois de algum tempo me lembrando,
num susto doloroso,
de que havias morrido,
de que há muitos meses
estavas morto,
morto.

III

Nestes vinte anos,
como em todo meu tempo anterior,
estiveste comigo
— compreensão, coragem, segurança, rumo —
numa presença poderosa que poucos conhecem
e se chama caráter.

IV

Ao fim destes vinte anos
o que sinto é que passou muito tempo,
bem mais do que poderia caber
em vinte anos.
Às vezes me sinto velho,
mas então me lembro que ainda faltam
dois anos para que eu chegue
à tua idade final
— e tu morreste sem envelhecer,
ainda em plena força de homem,
sábio e luminoso
no coração.

V

Nestes vinte anos
houve uma mudança de milênio,
teus netos ficaram adultos,
vários amigos se despediram,
outros perderam partes do corpo
(em certos casos, também da alma),
mas os que ainda vejo falam
comovidos
de ti.

VI

Ao fim destes vinte anos,
escrevo estas palavras e me envergonho
de não saber dizer melhor
dos acordes que soam em nós
que te conhecemos.

Mas,
se tanto não sei,
não sabemos,
sabemos o que importa:
que somos especiais
porque vivemos o tempo generoso da tua voz,
do teu gesto,
e continuamos a viver esse tempo,
confortados
por tua densa e cálida memória,
meu pai.

SONETO DO SINO E DO TEMPO

Ouvir um sino é como abrir o tempo.
O tempo nítido de uma cidade
ornada de andorinhas e silêncio.
Um tempo que se estende desde o alto

das casuarinas às vagas colinas
em que morre o horizonte e onde um tesouro
de esperanças oferta-se em caminhos
vastos de amores, glórias, ilhas de ouro.

Respirar esse tempo é azul e calma
sobre quintais, varandas, cães, meninos
e meninas serenas e de tranças,

e sonhos de distâncias e destinos
em nós adormecidos e acordados
por esse dia aberto à luz de um sino.

SOMBRA

Eis, então, que, de repente,
vi como ela se perdia:
um pouco quando falava,
ou quando nada dizia,

outro pouco quando andava,
ou quando apenas sorria,
ou quando só me fitava,
ou quando se ia, se ia...

E ia-se assim, mais e mais,
perdendo-se, dia a dia,
ano a ano, a cada sonho,
amor ou melancolia.

Perdia-se... Mas uma sombra
(e ninguém dela sabia)
ia colhendo o perfume
em que ela se ia, se ia...

Sombra que, vaga na sombra,
docemente recolhia,
no tempo, no sonho, o aroma
em que ela se desfazia.

E se desfez de tal modo,
tanto se perdeu, que, enfim,
se um dia quiser se achar,
só se encontrará em mim...

ESTANTES

A primeira devia medir
um metro e meio de altura,
larga de uns oitenta centímetros,
escura
(mas não como a mobília
que meu pai desenhou
em cópia da que havia
em sua casa paterna
e mandou que fosse talhada em carne
nobre
de jacarandá).

Nela, tumultuavam
as reinações de Lobato,
o rei da jangal
(com Tantor, o elefante,
e Jad-bal-ja
o leão de ouro),
guerreiros incontáveis
em planícies e desertos,
e os sete mares, e as ilhas
semeadas de tesouros.

Depois, outras geografias,
certas lições de almas densas,
e dúvidas, perplexidades,
angústias,
e mais que tudo um infinito
de névoas.

Resistiu,
por mais de trinta anos,
a maus-tratos, umidade, poeira,
e aos volumes
que as prateleiras arqueavam.
Até que os deuses, por fim,
enviaram-lhe o inimigo
cujo nome é Legião
e que lhe roeu, implacável,
até a memória vegetal
mais funda.

Outras, que já haviam chegado,
recolheram os livros.
E vieram outras, e outras,
e outras e outras e outras,
e me expulsaram de casas,
e me seguiram, e a mim
se incorporaram
com suas páginas também

legião,
e mais e mais legiões de dúvidas,
angústias,
perplexidades,
     e o infinito
de névoas.

Sou aquele que se fez
com essas sombras
e fulgores.
Sobretudo, com o sol
da primeira,
ainda
iluminando o menino
de quem se ilumina o homem
que rabisca estes azuis
sobre o papel

SONETO DE UMA LUZ

Foi ali que morri, naquele dia.
Lembro que estavas, como sempre, bela,
na mesma luz de ti, cálida, aquela
que me acordou do que me adormecia

a vida. E então ouvi o que dizia
tua boca à brisa que soprava aquela
colina sobre o mar, tranquila e bela,
qual ilha afortunada — e agora fria

agora estranha, agora maresia
densa de solidão e agonia,
sombra baixando sobre a luz, aquela

que me tocara e me acordara, bela,
e tua voz apagava, então, naquela
colina em que morri, naquele dia

ÁGUAS

1

Sentir que pode
voltar
à casa cinquenta anos
atrás
e ver o pai e a mãe
ainda jovens
e pegar a bicicleta
azul
e navegar nas fagulhas
da manhã.

2

Sentir que ela
continua ali
no pátio do colégio
morena
as pernas unidas e os joelhos
ao sol

e as mãos pequeninas
e no anular
esquerdo
o anel de pedra
noturna.

3

Sentir que ainda estão
todos
à mesa de tampo de vidro
com
cervejas e vinhos
e licores
e é belo o cão que atende
pelo nome do poeta
de Isla Negra
como tudo é belo
e é suave
o coração.

4

Sentir a árvore
as folhas
no chão e nos cabelos

e os frutos
na boca
e
no mais alto galho
ante o céu
profundo
a alma
feita da substância
dos ventos e dos
horizontes.

5

Sentir a casa
os pais
a bicicleta
a moça
os bebedores
o cão
a árvore
a alma

ele
cada vez mais
imerso nas águas
do sempre mesmo e cálido
rio.

HISTÓRIA DE AMOR E MORTE

Sente que agora está a salvo
de uma tristíssima sorte,

pois, perdendo o olhar da amada,
fitara os olhos da morte.

Descartado como coisa
inútil, depois de tanto

amar pela eternidade,
transverberado de encanto,

bebeu em todos os bares,
bateu a testa nos muros,

arrastou-se como um verme
em sentimentos impuros,

nos pensamentos mais vis
e na insensata esperança

de lavar a nuvem da alma
nos pântanos da vingança.

Rolou em fundas insônias,
temeu não amanhecer

nunca mais... E um dia, exausto,
pensou, a sério, em morrer.

Meditou veneno, tiro,
salto no ar, abismo de águas

e outras rápidas saídas
de labirintos de mágoas.

Mas tão minuciosamente
se dedicou ao projeto

que a morte tornou-se, aos poucos,
um brinquedo de arquiteto,

não mais um fim, só motivo
para armar e desarmar

estratégias que findavam
no prazer de arquitetar.

E assim ficou todo um tempo
— que, como tempo, se ia —

até, surpreso, sentir
que nada mais lhe doía

daqueles olhos perdidos,
da quimera trucidada,

agora escassa memória,
vaga cinza dispersada.

Desfizeram-se no ar
os sentimentos impuros,

os desatinos de bar,
as cabeçadas nos muros,

os ressentimentos e a
desesperada esperança

de reacender o riso
nos sombrios da vingança.

E eis que tudo lhe dizia
que era muito bom viver,

só um louco arquitetaria
estratégias de morrer!

Um louco... E saiu andando
ao longo da beira-mar,

estava de novo livre
para o sonho, para amar.

Refeito para seguir
em demanda de outras sortes

— e se afogar noutros olhos,
e se morrer de outras mortes.

SONETO DE UMA

São todas as mulheres nessa Uma
— presença cálida em vigília ou sono,
na aspereza solar, ou no abandono
onde como que a vida em mim se esfuma.

São todas nessa Etérea, que perfuma
um país de que sou antigo dono,
exilado (e ainda não no último sono
graças aos sortilégios dessa Uma).

São todas as mulheres — e é só Ela.
Como foi certa vez, como jamais
deixou de ser em mim: a Doce, a Bela,

que é Estrada, e Rio, e Onda, e Mar, e Cais
por onde não se perde a vida, Aquela,
na distância, no tempo, em nunca mais.

ANJOS

Os anjos não precisaram
descer naquele dezembro,
porque com ele já estavam
desde sempre. Era em seu copo
que bebiam, e em seus poemas
respiravam. E com ele
caminhavam, asas cândidas
sujando ao longo das ruas,
em mictórios, lupanares.
A ele seguiam como
grandes pássaros fiéis,
passo a passo, verso a verso,
a rumos mais encantados
que as veredas das estrelas.

Os pássaros comovidos
que ali estavam na hora
de sua Hora. E com ele
sobrevoaram a antiga
Matriz da praça que nunca
fora assim tão clara e calma.
Ganharam o azul aberto,

depois o azul mais profundo
que emanava da poesia
em que se adensava o céu
ao gesto vasto das asas
do poeta Affonso Manta.

CANÇÃO À BOCA DA NOITE

A cidade é cinza,
da cor da esperança
(o verde ficou
na antiga criança).

É pálida a tarde
como o amor agora
(ambos já tiveram
as cores da aurora).

Mas não há dois tempos,
passado e presente:
tudo é o mesmo conto
que jamais se mente

e põe no vazio
da cinza a esperança
dos campos da aurora
de amor e criança,

pois nada é presente
e nada é passado.
Tudo é o que é: apenas
real, porque sonhado.

PASSEIO

Há muitos anos
nesse Sudoeste
passeias na praça do obelisco
com o casaquinho de lã e as saias
cobrindo os joelhos.

Cai a noite e eu espero
que não caia nunca
que fique assim para sempre
esse resto de luz
sobre o casaquinho de lã e as saias
e dentro deles teu corpo
já capaz de fazer
sofrer como não sei
se foi tanto capaz
quando já pleno corpo
de mulher.

E eis que
nesse Sudoeste
a noite não cai
fica suspensa

de um último olhar do Sol
por onde passeias
com o casaquinho de lã e as saias
cobrindo os joelhos
e assim é
sempre que me volto
para esse Sudoeste
há muitos anos.

MÃE

Era resoluto e forte
o rosto da tua morte.

E uma impaciência havia,
clara, nos traços: ardia

bem mais que as chamas das velas
e do que o sol nas janelas.

Impaciência com a vida
por retardar a partida?

Ou apenas má impressão
a abafar-me o coração?

Sem enganos: era, forte,
uma afirmação da morte

— reivindicada, exigida
como um direito da vida.

Da vida não se querendo
mais, há muito se esquecendo

de tudo o que fora um dia
flor, esperança, alegria.

Vida já sabendo só
pesadelos, perdas, pó

— dia e noite, noite e dia,
labirintos de agonia.

Por isso aquilo que eu via:
a impaciência que ardia

em teu rosto, que doía
em tudo que em mim sentia;

teu rosto que eu mais lembrava
em vezes que cintilava

no riso; ou sereno, terno
de longo ofício materno.

Teu rosto, teus tantos rostos
de alegrias ou desgostos,

sob esse outro, final,
além do bem e do mal,

rosto pleno da beleza
de imaculada certeza

de que a vida já ia tarde...
Uma certeza que arde

e me ilumina... Ah, espero
(mais ainda: é o que mais quero)

que seja assim o meu rosto
dada a hora do sol-posto:

como, resoluto e forte,
o rosto da tua morte.

DEPOIS DE CERTO TEMPO

a Carlos Barbosa

Depois de certo tempo, a única certeza
que temos em nós é a da implacável beleza

das mulheres que amamos um dia, loucamente
e até, em casos mais graves, eternamente...

E de certezas mais não temos quase nada,
a não ser a do esplendor das histórias de fada

onde há o príncipe que somos e ela, a que amamos,
e tão felizes para sempre cintilamos.

Depois de certo tempo é só o que o coração
nos pulsa: essas mulheres que jamais se vão

(pois vivem em nós e, enquanto não nos tornamos
sombras, nas luzes mais suaves as sonhamos)

e essa alma ideal, embora tão secreta,
que fingimos não ser nossa, mas de um poeta

que lemos em incerto dia e o admiramos
tanto que dele até em silêncio falamos.

Depois de certo tempo, a única certeza
são essas coisas de emoção e de beleza,

que podem não ser muito, e mesmo não ser nada,
mas que são nosso conto de príncipe e fada

— e para além nos levam desta dura lida
que contou para nós o outro lado da vida.

CANÇÃO DE UMA BRISA

Visito teu corpo
no mesmo jardim
da cálida noite
que não cessa em mim

e em que agora e sempre
te enlaço assim
e te beijo a boca
e não tenho fim

na alma e no mais
que me seja a vida,
ainda que apenas
brisa comovida

que aquele jardim,
sob estrelas pasmas,
sopra para mim
de nossos fantasmas.

CANÇÃO PLUVIAL

Canta a canção: chove
sobre o nosso amor.
É verdade: chove,
e por isso lembro
a canção, e canto,
com ela, que chove,
chove, chove, chove
sobre o nosso amor.

Mas terá chovido,
nalgum dia ido,
sobre o nosso amor?
Diria que sim,
mas não sei bem quando,
nem onde, nem se
fiquei comovido
com a chuva caindo,
nem se ela trouxe
raios e trovões,
ou se os acendiam
e os ribombavam
nossos corações.

Bem, o fato é que em
incerto onde e quando
houve mesmo amor.
Sobretudo um.
Nele, porém, não
chovia jamais.
Ele é que chovia
sobre a minha vida,
que num vasto charco
foi-se transformando
e gerando flores,
sobretudo uma:
essa Sempre-E-Nunca
que, ao ser consultada
como um malmequer,
respondia sempre,
descorada e adunca,
que o amor da amada
não viria nunca...

Foi há muito tempo
que pela primeira
vez ouvi a dor
da chuva que chove
sobre o nosso amor.
Era um tempo jovem,
mas já turvamente
pluvioso assim.

E chovia, chovia,
como ainda hoje
chove sobre mim.
Sobre o meu amor
de sempre, da flor
descorada e adunca
do charco: o amor
que não chega nunca...

EXÍLIO

1

Todas as manhãs assim:

esperando do horizonte
velas que venham por mim.

Todas as tardes assim:

das raras velas que chegam,
nenhuma chega por mim.

Todas as noites assim:
velas de treva ou luar.

Mas não navegam por mim.

2

Onde a força da Poesia,
que não vem, alada em velas,
me devolver a alegria?

Ah... Sonho que chegarão
essas velas das palavras
que os milênios guardarão.

Milênios... Então é assim,
meus versos já vão distantes
do breve tempo de mim.

De outros serão suas belas
vozes. A outros buscarão
os rumos das altas velas.

3

Assim é. Olhar em torno
só me revela o vazio
de onde já não há retorno.

Resta somente a Memória,
deusa implacável, contando
a mesma encantada história

que por mim já foi vivida
e hoje está além das asas
das velas todas da vida.

4

Ah, só o mar e a solidão
agora... Mas há os versos
que os milênios cantarão!

Por que, então, esta tristeza,
se deixo ao sopro de Cronos
as minhas naus da Beleza?

Sou bem menos infeliz
que quase todos os homens.
Exílio... Mas que feliz

humano jamais na vida
o conheceu? Todos nós
em uma ilha esquecida

nos despertamos deixados,
muitas vezes para sempre
(e sem versos relembrados,

que viajam mesmo na calma
dos ventos, velas que levam
perfumes e ouros da alma...).

5

Ah, ninguém foge a essa era
de cinzas, quando sonhamos
nossa mais triste quimera;

quando todo o tempo, a sós,
fitamos quilhas e velas
que nunca chegam por nós;

pois, como eu sou, todos somos,
um dia, Publio Ovídio Naso
na escura praia de Tomos...

PLÍNIO O VELHO E A NUVEM MISTERIOSA SEGUNDO PLÍNIO O MOÇO, E UMA ANÁLISE DE UMBERTO ECO COM BREVES CONSIDERAÇÕES FINAIS DE UM POETA SEGURAMENTE *PERSONA NON GRATA*

I

Era o nono dia
antes das calendas de setembro.
Embora comandasse a frota
Plínio o Velho apenas estava
em Miseno
posto em sossego.

Tomara um banho de sol
em seguida um banho frio
comera reclinado uma leve refeição
agora estudava. E foi quando
cerca da sétima hora
a mãe de seu sobrinho
Plínio o Moço
indicou-lhe ao longe a aparição.

E ele pediu as sandálias
e subiu a um lugar de onde poderia
ver melhor
o que se elevava e se abria
como uma estranha árvore
no horizonte.

II

Acesa a chama da alma
das interrogações da ciência
Plínio o Velho pediu que preparassem
uma liburna
para ver de perto a
nubem inusitata
como escreveria seu sobrinho a Tácito
25 anos mais tarde
(o que bem poderia não ter ocorrido
não houvesse ele
o Moço
ao convite do Velho
sentido mais forte a flama
dos estudos que fazia em casa).

E então se ia o Velho
mas uma mensagem da mulher de Casco
Rectina
chegou-lhe com pedido de socorro

pois
de sua vila ameaçada só
poderia fugir pelos caminhos
do mar. E o Moço conta
que aquilo para que estava preparado
com ânimo de estudioso
o Velho passou a executar em espírito
heroico.
                      E ordenou trirremes
em rota de salvação.

III

E lá se foi
até que começaram a vir
pedras e cinzas sobre as naves
quando
contra os conselhos do seu piloto
manda o Velho manobrar
a Stabia
observando que a sorte
ajuda os corajosos. Lá
ao medo de Pomponiano
abraçou-o
confortou-o
encorajou-o
fez-se conduzir ao banho
depois reclinou-se e jantou

alegremente
dizendo que aquelas labaredas
não passavam de fogos deixados acesos
por camponeses em fuga
e que lhes queimavam os casebres. E assim ditas
tais palavras
foi descansar
dormiu profundamente
enquanto o pátio de acesso ao quarto
subia tanto
com as sujas nuvens que desciam
que um pouco mais lhe impediria
a saída. E quando então
saiu
a casa se movia
dançava
e todos puseram travesseiros na cabeça
atados com lenços. E em meio às vozes
do medo
o Velho era a razão
mais forte. E foram à praia
porém o mar não se submeteu
ao almirante. Era tudo noite
em pleno dia. E ali, na praia,
o Velho
deitou-se sobre um lençol
e bebeu duas vezes água fresca
mas um cheiro de enxofre pôs em fuga as pessoas

que o acordaram
e ele
apoiando-se em dois servos levantou-se
para logo cair. E quando
voltou a luz do dia
(o terceiro desde que o vira
pela última vez)
seu corpo foi encontrado
ileso
coberto pelas vestes
como se estivesse apenas
adormecido.

IV

Com espírito heroico
escreveu o Moço
sobre a decisão de navegar
do Velho. Mas não sabia
ele
o Velho
o que o Moço saberia. Via apenas uma
nubem inusitata
talvez um incêndio (como concluiu) de casebres
de onde vinham as cinzas
nas proximidades de um vulcão (já o dissera)
extinto. Assim,
por que não banhar-se
cear e dormir

tranquilamente? Amanhã
seria um novo e luminoso
dia.

Fora-se o Velho
até ali
nas ondas

sem nada saber
da estranha árvore no céu.

Sem nada desconfiar
do engano de sua ciência.

Sem nada pressentir
da morte à sua espera
na praia. A morte
sem heroísmo algum
talvez apenas
um especialmente incômodo
desapontamento.

V

Mas o Moço escreveu a carta
25 anos depois. Ele amava o Velho
que lhe era um herói mesmo bem antes
daquela viagem. Um herói do espírito.

E um herói há de ser sempre
heroico
e heroicamente findar. E assim,
sem dúvida,
aquilo que estava preparado com ânimo de estudioso
executou em espírito heroico. E assim foi
na carta
e apenas nela
ficou
que dos relatos de Tácito só sabemos
até nove anos antes
da nuvem à qual viajou
o Velho.
                    Aquele ilustre
ali
no sono da morte
desamparado pela ciência
e pelos deuses
que nenhum deles o advertira das fúrias
da Terra
nem mesmo o deus mais jovem
ressuscitado não havia
50 anos
e que
na verdade
nunca dera muita importância às coisas do reino
deste mundo.

SÃO PAULO, 2007

Garoa do meu São Paulo
M. de A.

Nesta tarde paulistana
garoa em toda a cidade.
Um negro vem vindo, é branco!
Só bem perto fica negro,
mulato... É Mário de Andrade!

Vem mais alguém: é um pobre,
desses tantos da cidade.
O pobre vem vindo, é rico!
Só bem perto fica pobre,
passa — e é Mário de Andrade!

São Paulo, que nunca amei,
amo como outra cidade:
a que só se pode ver
na garoa que cintila
no olhar de Mário de Andrade!

Garoa, guarda o poeta
Mário de Andrade. Saudade.

BILHETE A MANUEL BANDEIRA

Rio, 5 novembro 64
Espinheira Filho:
Muito me sensibilizou a sua "Canção para Manuel Bandeira", assim como as amáveis palavras da carta que a acompanhavam. Tenho uma pasta para os versos escritos <u>en mon honneur</u>, os seus vão para ela e figurarão entre os mais bonitos.
Receba um abraço de agradecimento do velho bardo
Manuel Bandeira

Foi há mais de 40 anos
que chegou esta pequena
carta em que agradecias
e elogiavas meu poema

em tua honra (coisa simples,
não mais que ingênua canção
da lira dos vinte anos...).
Que vasta e funda emoção

despertaste, em breves linhas
de humildade suave, calma,
no que contigo fazia,
de há muito, seu "Curso d'Alma";

este que agora relê
tua carta na moldura,
numa tinta quase vaga,
porém intensa em ternura.

Passou o tempo, levou vidas
(a tua, a de meus pais...), mas não
a Poesia, que ainda flui
do teu ao meu coração.

O AVESSO E O ESPESSO

> *Como é muito mais espesso*
> *o sangue de um homem*
> *do que o sonho de um homem.*
>
> João Cabral de Melo Neto:
> "O cão sem plumas"

Desconforta-me o poeta
escrever em tom avesso
à vida — dizendo o sangue
ser, mais do que o sonho, espesso.

Sucedeu que preferira
pedras, coisas, linha reta,
o que o levara a exilar
de si um outro poeta,

o seu avesso: um do verso
sem pudor de ser poesia
feita de coisas do homem
além da pele do dia.

Perdido aquele no exílio,
mais se perdeu o avesso,
a ponto de ver o sangue
ser, mais do que o sonho, espesso;

pois, se dele se partira,
assim, seu avesso poeta,
já ninguém lhe iluminava
as curvas da linha reta;

já não havia qualquer
para romper esse espesso
em que se fechava o poeta
nesse mundo pelo avesso;

para ensinar-lhe que o sonho
é que faz o sangue espesso,
e a pedra, e a coisa, e a lâmina,
e de tudo isso o avesso;

que nada há mais do que o sonho,
até mesmo em seu avesso,
pois tudo é um sonho num sonho
que sonha — sem fim, de espesso —

sonhos de Mundo e de Vida,
e o espesso mais espesso
em que — vastos, abraçados —
sonham Deus e Seu Avesso.

O QUE SOMOS

Críticos dizem do poeta:
um lavrador da memória.

Sim, certamente é isto, pois
dos nossos comos e ondes

só sabemos quando, diante
de nós mesmos, recordamos

nosso enredo nas batalhas,
as bandeiras, as mortalhas,

as trevas, as claridades,
os olvidos, as saudades...

Aqui, o riso. Ali, a dor.
E o amor. E o desamor.

Mas sabe o poeta das sendas
da alma de névoas e lendas

que, em meio ao que de nós vemos,
pode contar outras glórias

vindas de acordes profundos
que tecem, na história, estórias

(quase sempre onde ficamos
melhor: no que fabulamos).

Enfim, o que todos somos
é só o que até hoje fomos,

ou que sonhamos que fomos
(e então sonhamos que somos...)

E assim vai singrando a vida,
rumo ao indesejado cais.

E vamos nós, nessa ida,
levando tudo o que somos:

as ficções da memória
e o que já não somos mais...

O POETA E SEU LEITOR

Releio amado poeta
e não reencontro o que li.

Sem dúvida: é o mesmo livro
que tanto li e reli.

Onde as graves emoções
em que outrora me perdi,

os densos sopros de alma
em que chorei ou sorri?

Por mais que releia o livro,
não vejo o que vi ali.

Terá mudado o poeta,
ou me enganei no que li?

Não, não mudou o poeta,
nem me enganei no que li

na voz serena dos versos
em que chorei ou sorri:

é que o leitor do poeta
foi um que em mim já perdi.

CANÇÃO DO POETA EM MUDANÇA PARA BUSCA VIDA

a Eduardo Bandeira, construtor do refúgio
da Via Lobo Guará

> ... *a melhor notícia que você me dá é a da casa nova. (...) E com vista para o mar! Pode ser até que v. deixe definitivamente de escrever e fique apenas a ver navios, que é uma das mais saudáveis atividades que caberiam a qualquer ser humano.*
>
> De uma carta de
> Ivan Junqueira (15.10.2006)

Vou deixar o apartamento,
vou para a beira do mar.
Lá há verde, azul e vento
que sopra no pensamento
distâncias de navegar.

Mas estarei sempre em terra,
não há por que viajar.
Viaja aquele que é de terra

de partir, mas essa terra
é uma terra de chegar.

Terra de ouvir passarinhos
— tendo ao fundo a voz do mar —
nas árvores dos caminhos,
e esquecer os descaminhos
de antes desse lugar.

Terra de calma e amavios
de sereias, ao luar.
De sonhar coqueiros, rios,
e ficar a ver navios
até o mundo apagar.

SOB O CÉU DE SAMARCANDA

a Marco Lucchesi

Quem falava, no meu sonho,
era o poeta Omar Khayyam.
Reconheci-o logo, embora
nunca o houvesse visto antes.
O céu, sob o qual falava,
cintilante, só podia
ser o céu de Samarcanda
(que também reconheci,
embora, como ao poeta,
nunca o houvesse visto antes).

Então falava o poeta,
mas o que mesmo dizia?
Reconheci o seu rosto
e o céu amplo que luzia,
mas nada pude entender
de sua densa algaravia.
Seria rubai de amor,
ou lição de astronomia?

Talvez louvores ao vinho,
que ele honrava todo dia...

E eis que lá se foi o sonho...

Ah, do céu de Samarcanda,
só restou a escuridão
do teto do quarto. E nada
das palavras do poeta
iluminou minha alma.
Mas fica em mim a saudade
daquele sagrado instante
e a esperança de que o mundo
dos sonhos traga outro sonho,
mas de jeito que eu consiga
compreender a algaravia,
guardando as altas lições
de ciência e poesia
(adornadas com louvores
ao vinho de cada dia)
que na voz de Omar Khayyam
brilhavam, luziluziam,
como a suntuosa ciranda
de astros, estrelas, mistérios
no amplo céu de Samarcanda.

MANUSCRITO ENCONTRADO ENTRE OS PAPÉIS DO POETA, EM ENVELOPE LACRADO QUE ELE, INFELIZMENTE, NUNCA CHEGOU A ABRIR

Não queremos, nem de longe,
pensar no que pode haver,
poeta Mário de Andrade,
se um dia você morrer.

Não queremos, porém como
impedir o pensamento
de se pensamentear?
Não morra nunca, poeta,
porque há sombras nas sombras
só esperando a sua morte
para assaltar os jornais,
submeter as revistas
e desterrar os poetas
(perigosos, subversivos,
capazes de qualquer coisa,
de acreditar em talento,
em lirismo, inspiração)
— e tudo será tristeza,
desamparo, solidão.

Eis que estão prontos e indóceis,
só aguardando a sua partida,
parnasianos tardios
armados de metros rijos,
estrofes sisudas (com
ou sem consoantes de apoio),
dicionários de rimas,
disciplina de cesuras,
iniludíveis sinéreses,
impecáveis hemistíquios,
implacáveis sinalefas
— para saltar desse escuro
e a alma nos arrancar!

Ah, não morra, Mário, poeta,
que o Sol pode se apagar!
Porque depois saltarão,
do escuro oculto no escuro,
cáfilas de não poetas
gritando a morte do verso
em impudente algaravia,
concreção de logogrifos,
insalubres despoéticas
verbi-voco-visuais
contra o sonho e a poesia!

E ainda virão uns outros
em linhas irregulares,
reboantes, pantanosas,
ou em feição de diarreia
— que chamam de verso-livre,
como se o verso não fosse
o rigor que é sua vida!
E ainda virão mais uns
que trarão palavras frias,
sem música, pedregosas,
arquitetos do vazio,
construtivistas de nada.
Não resistiriam, todos,
aos combates de você,
poeta, mas vencerão,
se acaso você morrer!

Poeta Mário de Andrade,
não nos faça esse vexame,
não nos deixe abandonados
a apocalipses que tais,
como é o jargão espesso
dos professores-doutores
grávidos de metaplasmos,
poéticas objetais,
monósticos, semantemas,
afirmações axiais,
topos, vocoides, semÈmas

e outras disfunções letais!
Que ensinarão ser você
equívocos de você;
que aquilo que você disse,
em prosa ou verso, de fato
não disse; e o que você disse
traz profundas discordâncias
daquilo que você disse;
e, em suma, aquilo que disse
você, você nunca disse;
e o que você nunca disse
é exatamente o que disse,
ou que, ao menos no caso,
você queria dizer;
e muito provavelmente,
o que você disse, disse
porque disse o que não disse
quando dizia o que disse,
se disse mesmo o que disse;
se é que isso se deu — e se
você foi mesmo você
(e eis que, sob aplausos, cai
o pano: *Magister dixit!*)!

Por esses e outros motivos,
poeta Mário de Andrade,
não morra nunca jamais!
Porque, se você morrer,

Será esse horror assim
— e o mundo pode acabar!
E se não se acaba o mundo,
depois que você morrer,
o que nos restar vai ser
bem difícil de aguentar!

RECONHECIMENTO

Desculpe-me por não ter
reconhecido você.

Isto é o que eu me digo agora,
não disse nada na hora.
Ou seja: à sua pergunta,
só respondi não estar
reconhecendo você.

Quando você me falou,
não vi você em você.
Vi uma vasta senhora
a me fitar e sorrir
e pronunciar meu nome.
Mas quando você lembrou
um tempo, um lugar, um nome,
foi que percebi haver
algo um tanto familiar
lá no fundo de você.

Bem lá no fundo, uma nuvem,
uma névoa de você.

Aí, respondi que sim,
por certo, é claro que estava
reconhecendo você!

E recordei mesmo um pouco,
o que já foi muita coisa,
porque bem pouco você
(vá desculpando a franqueza...)
chamou a minha atenção
naqueles tempos dourados
de tantas moças tão lindas,
tantos amores dispersos,
tantas ilusões infindas,
farras, angústias e ainda
um caderno de maus versos...

Desculpe, mas foi assim.
A vida nem é da gente,
como ensinou Diadorim.

E veja se tem sentido
eu ficar me desculpando!
Não tem nenhum. O que eu sei
é que você está ótima!
Uns trinta quilos a mais,
e a mais uns quarenta anos
(anos que, infelizmente,

nas contas reais da vida,
não são a mais — são a menos...),
porém com disposição,
saudáveis cores nas faces
e memória milagrosa,
capaz de desentranhar
do meu fantasma de hoje
aquele antigo rapaz.
Tão antigo que é difícil
lembrá-lo, reconhecê-lo
em mim, este destroçado
campo de perdas e danos.
Cada vez mais me parece
que foi só conto de fadas,
nunca tive dezoito anos...

Mas deixemos dessas coisas,
que é verdade: já vivemos
certa idade fabulosa.
E até bem mais de uma idade,
porque, no quebrar dos anos,
quando menos esperamos
vêm quebrar-se, às vezes, ondas
das marés da mocidade...

A senhora... Não: você.
Você, aquela menina...
Era mais jovem que eu

— e mais jovem continua:
pois se lembrou de mim, e eu
não reconheci você.

Só me resta agradecer-lhe
por ter feito reacender-se,
em minha sombra puída,
com uma simples pergunta,
a emoção adormecida
de uma vida em outra vida.

Só me resta agradecer
o presente dado a mim
por você, naquele instante.
História que ora me ocorre
contar resumida assim:
você me reconheceu;
não reconheci você;
e quando, depois de um tanto,
eu reconheci você,
reconheci a mim mesmo
ao reconhecer você.

E, reencontrado, já sei
como não mais me perder:
que se algum dia de mim
começar a me esquecer,
é só fazer, na memória,
você me reconhecer...

SONETO DOS JABUTIS

>a James Amado,
>que convenceu minha mulher, Maria da Paixão,
>a presentear-me com um jovem casal de jabutis,
>quando — em 2006 — me foi concedido o
>2º lugar de poesia no Prêmio Jabuti,
>da Câmara Brasileira do Livro.

Embora ainda infantes, vivem meditando,
como se velhos sábios de saber profundo.
Eu ainda não sei o que acham do mundo
e da existência, mas por certo estão pensando

sempre belos pensares. E isto mesmo quando
— num ritmo alexandrino, ondulante e rotundo —
passeiam, pois é claro que estão ruminando
do que há de leve e aéreo ao mais pesado e fundo.

Nós, humanos, nos cremos seres superiores,
mas cegamente vamos aonde os ventos vão
— muitos de estupidez, hipocrisia, horrores.

Os jabutis, porém, não se perdem, pois são
vidas iluminadas pelos resplendores
do grande Deus Quelônio da Meditação.

DEDICATÓRIA

a Grácia,
num tempo jovem

Foi há mais de trinta anos
que ela me deu este livro
de ensaios sobre poetas,
pondo, na dedicatória,
o seu desejo sincero:
que eu fosse muito feliz.

Olho o pequeno volume:
mal me lembro dos ensaios,
nem sei se algo aprendi
com eles; porém a amiga
jamais se apagou em mim,
como é bem da natureza
de certos mortos. Folheio
o livro, de onde uma luz
se eleva calidamente,
vindo de um tempo mais jovem,
de onde me fita essa moça,
jovem como o tempo, e ordena

(porque, reparando bem,
é mais que simples desejo),
em traços de firme afeto,
que eu seja muito feliz.

Que eu seja muito feliz..

Tenho tentado, é verdade,
mas a vida não se deixa
comover assim... Porém,
se não consegui ser muito
feliz no caminho todo,
umas vezes mereci
essa intensidade que
a amiga exigiu de mim.

Como certamente agora,
ao pegar, entre outros livros
(por acaso, pois não era
o que estava procurando)
este pequeno volume;
no qual (seis linhas azuis
na parte interna da capa)
me devolve a amiga o tempo
em que — embora não o soubesse —
eu era muito feliz...

ESPELHO

Estarei oficialmente mais velho
dentro de poucos dias.

Consulto o espelho,
que apenas me fita
criticamente.

Bem sei que estou ficando
o tempo todo
mais velho.
Data oficial, porém,
é outra coisa.
Faz-me lembrar, por exemplo,
como a uma pessoa
de Pessoa,
que,
no tempo em que festejavam o dia dos meus anos
eu era feliz e ninguém estava morto.

Continuo a interrogar
o espelho
Ele agora tem

um ar irônico,
e o encaro da mesma maneira.

Com um pouco de sorte,
poderá se manter assim
por algum tempo ainda,
apenas irônico,
exibindo não mais
que algumas rugas e manchas,
a barba branca,
o cabelo, em parte,
nas trevas
— ou ao menos nas sombras —
de uma era
extinta.

Sim,
em poucos dias estarei
oficialmente
mais velho.
O que não posso evitar,
mas
por certo me vingarei
numas luzes de chope
à tarde
e afagos de vinho
à noite.

Depois,
a caminho do sono,
visitarei de novo
aquele que me fita
do espelho.

E, como sempre,
já sem ironia,
reciprocamente solidários,
honestamente comovidos,
brindaremos à data.

Virá, então, a vontade
de dizer alguma coisa,
mas não diremos nada.

Pois nada precisa ser dito entre velhos amigos
que envelheceram juntos
desde que eram felizes e ninguém estava morto.

NÚMEROS

Disseram-me que estes números
são os dos seu telefone,
mas como posso ligar?
Vontade, tive; e foi tanta
que até se formou um gesto,
porém a mão descaiu
em pleno voo, como um pássaro
que se afogasse no ar.

Deram-me o seu telefone,
mas não pode ser o seu!
Caso eu houvesse ligado,
quem atendesse jamais
poderia ser você.
Talvez tivesse seu nome,
mas não, você não seria.
Por mais que estivesse certa
de ser você, que jurasse
de alma limpa, sincera,
inteira, em si, de verdade,
a mim não convenceria.

Que há apenas um jeito de
poder falar com você:
pedindo à telefonista
quatro números em mil
novecentos e sessenta,
ou outros seis que ressoam
pelos inícios de mil
novecentos e setenta.

Ou assim, ou enganar-me com
fantasmas desta outra vida
cada vez mais nevoenta...

TRANSE

(Poema em *masculino* para certos maridos,
namorados, amantes e que tais,
podendo ainda ser lido em *feminino*
por esposas, namoradas, amantes
e similares, como
de outras maneiras por todas as variações
dos demais sexos.
Honni soit qui mal y pense.)

Não direi isto, pois responderás
aquilo. Assim, melhor estar calado

e esperar, mas sem mostrar enfado,
o que daqui a pouco me dirás.

Mas eis que nada dizes. Poderás
por quanto tempo assim ficar? Calado

estou, calada estás. Eu espantado
com o teu silêncio. Até onde irás

nessa pose serena e sem palavras?
Isto só me interrogo, não pergunto

nada, que os pensamentos que tu lavras
são temíveis. Porém, pelas palavras

esperar é pior. Tu me escalavras
neste silêncio... Mais do que as palavras,

pode ele inaugurar o meu defunto...
Assim, tomo-te a mão e te pergunto

em tom de rosas e luar: "Amada,
não seria melhor mudar de assunto?"

SONETO DA ÚLTIMA DENTIÇÃO

A Aída Maria Custódio de Lima,
Professora Doutora em Ciências da Saúde,
Implantes e Reabilitação Oral

Dentaduras duplas!
Inda não sou bem velho
para merecer-vos...

Carlos Drummond de Andrade:
"Dentaduras duplas"

Eu estaria a merecê-las, sim,
desde já, se não fosse a ideia, um dia,
de socorrer-me de Aída Maria,
virtuose odontológica. E assim,

cultivando um valor maior em mim,
incitei-me a vencer a agonia
que há muito me assombrava, já doía
na infância (e parecia não ter fim!)

sob a broca a pedal, o boticão!!!
Então, fui procurar Aída Maria,
e pus a minha boca em sua mão

de fada... E hoje sorrio em luz e mel,
e mastigo com tanta galhardia
que é de até humilhar Pantagruel!

EM TEMPO

Vamos honrar este vinho,
enquanto a noite não vem.
E, quando chegar a noite,
vamos honrar outros vinhos,
entre brindes e carinhos,
que a noite é escura, meu bem.

Vamos honrar esta noite,
enquanto o dia não vem.
E, quando chegar o dia,
vamos honrá-lo com vinhos
e mais brindes e carinhos,
que o dia é claro, meu bem.

Vamos, sim, honrar o dia,
depois a noite, meu bem.
Dia e noite, noite e dia,
sempre com todos os vinhos,
entre brindes e carinhos,
enquanto a morte não vem.

OS MORTOS

Há uma luz suave em que eles respiram.
Não mudaram nada e fingem não ver
como sou mais moço nas fotografias.

Contam histórias, sempre, mesmo quando em silêncio
(e tanto quanto se contam, contam-me também de mim).
Não mais precisam beber, só se refletem no copo

que ergo e em que bebo, por eles e por mim,
trespassado ainda dos sonhos que compunham a alma
de que se iluminava o moço nas fotografias.

CANÇÃO QUE EU GOSTARIA DE NÃO TER ESCRITO

Agora não tem mais jeito:
a vida ficou assim.
Não há o que possa ser feito,
isto é tudo, hoje, de mim.

De esperança, o que ainda resta
não dá para uma paisagem
desdobrada em flor e festa
— só tarde de fim de viagem

é o que vejo da janela
em que se debruça a alma.
Há uma luz ainda bela,
e certa brisa de calma,

mas tudo ontem. Agora,
é só este o panorama:
outra visão, outra hora
que no ocaso se derrama

Nem deu para ver direito
como a vastidão da vida
tornou-se este espaço estreito
e manhã encanecida.

Mas assim foi. E é. E, enfim,
não há o que possa ser feito:
o tempo passou em mim
— e agora não tem mais jeito.

MAIS UM

Ainda não compreende
a mudança.

O que diz
é só dos anos cumpridos.
E fala e fala e fala
para que permaneçam luminosos
no Tempo.

Só me resta, mais uma vez
ser paciente,
até que se reconheça
e se torne
calmo e cálido,
à maneira de todos que já foram,
como ele,
também,
mortos de primeira viagem.

SONETO DE VELHICE E ALMAS

> *Todo homem (...) cria dentro de si um corimbo*
> *de almas diferentes (...)*
>
> Mário de Andrade: *Mestres do passado*

Também no corpo, sim. Mas sobretudo
é na alma que me sinto envelhecer.
Ouço-a cantar canções de adormecer
e me parece que, por fim, já tudo

está cumprido. Em breve serei mudo,
e surdo, e cego... Todo amanhecer
se foi. Não há futuros. Vai descer
logo a noite absoluta sobre tudo.

Mas, felizmente, a alma que me fala
não é a única no meu enredo.
Visto-me de outra, e a anterior se cala.

E, de alma nova, sou diverso, ledo,
ouvindo a voz serena que me fala
que para adormecer ainda é cedo.

OUTRO ANIVERSÁRIO

Sessenta e cinco navegações
completas
em torno do Sol.

Tudo vazio onde prometeram
fulgurantes legiões
de anjos.

Nenhum deus
a não ser a lembrança dos que morreram
na alma
um a um
belos ou hediondos
durante a viagem.

Sessenta e cinco vezes
a volta ao Sol
e nenhuma revelação
nenhum sentido
nada

além do cultivo de uma sombra
cada vez mais longa
no ouro agonizante
da tarde.

A MORTE E O BOM-DIA

a Valtério

Passei bem perto da Morte,
mas sequer lhe dei bom-dia.
Ela tentou me falar,
porém fiz que não a via.

O que me diria a Morte
(depois me perguntaria)
se eu me houvesse disposto
a ouvi-la naquele dia?

Mais prudente não saber...
Mas, vos digo, apostaria
que uma coisa, sim, a Morte
certamente *não* diria:

que a Vida é melhor que ela...
(o que feliz me faria,
mesmo sendo algo sabido
desde o meu primeiro dia).

Pois foi: bem perto da Morte
passei, sem lhe dar bom-dia.
Nem deixei que me falasse,
fingindo que não a via.

Assim creio que será
sempre o nosso dia a dia:
ela, tentando falar-me;
eu, negando-lhe o bom-dia.

Isto até que ela me mostre
(será o mais belo e bom dia!)
os papéis comprobatórios
de sua aposentadoria.

POEMA PARA HENRIQUE MARQUES SAMYN, QUE SE IMPRESSIONOU COM A TRISTEZA E A MORTE EM MINHA POESIA

Triste não sou. Apenas fico triste,
às vezes. As tristezas que em mim viste,

até que são modestas. Há monções
de tristezas geniais — como em Camões,

por exemplo; como em Manuel Bandeira,
de triste estrela quase a vida inteira.

Não esquecer Drummond, que tanto quis
a vida, o amor... E é ele quem nos diz

— ou melhor: nos ensina — que, vivendo,
estamos para doer, estamos doendo.

E Pessoa, com os olhos cheios de água,
escrevendo seu livro à beira-mágoa...

(Dirás que ele falava de um terceiro
— e eu te direi que isto é verdadeiro,

porém esse terceiro que ressoa
vem da multipessoa de Pessoa.)

Também notaste uma presença forte
(o que te trouxe espanto, horror...) da morte.

Mas onde não se encontra essa presença,
indiferente à crença ou à descrença

de todos nós? É o Fim? Um outro Nível?
Só uma coisa é certa: é a Iniludível...

Mas que ela teça tudo o que tecer
com calma, sem afã. Mesmo porque

não adianta apressar a sua lida,
pois só vamos morrer no fim da vida...

2.
ROMANCE DO SAPO SECO: UMA HISTÓRIA DE ASSOMBROS

(2005)

À memória de
Ruy Espinheira,
o Advogado.

A
Vivaldo da Costa Lima,
o Antropólogo.

Uma família feliz,
Bispo dos Santos chamada
O chefe era Generino,
homem da foice e da enxada,

que, além de plantar, criava
umas cabeças de gado,
galinhas, cabras e porcos,
segundo o melhor cuidado.

Desde os mais pequenininhos,
todo mundo mourejava:
criação e plantação
até que o dia fechava

Povinho temente a Deus,
do mais quieto ao mais brabo
E, porque temente a Deus,
temente também ao Diabo.

Tudo ali ficou em paz
por muitos e muitos anos,
até que chegou de longe
um poderoso de arcanos

Chegou e afirmou-se logo,
deixando claro o assunto:
movia feitiços fortes,
de até levantar defunto.

Não demorou, seus trabalhos
foram se alastrando em fama:
curavam males do espírito,
cancros, fracassos de cama,

pereba, febre, picada
de cobra, juízo sorno,
estuporação, maleita,
ziquizira, dor de corno.

Mas o homem não só era
de salvar, ressuscitar:
ai de quem alguma praga
ousasse lhe provocar.

Cochichavam certos casos,
antimilagres terríveis
que ele invocava, inclemente,
do mundo dos Invisíveis.

Um dos casos mais famosos
foi o da triste menina,

triste há muito, como se
conhecesse a própria sina.

Vendo que essa tristeza
compunha um quadro fatal,
o pai da moça pensou
que alguém lhe fizera mal.

Mas a menina negava:
era a mesma, virgem, pura.
Jurou por Nossa Senhora,
nunca seria perjura.

Se não era esse o motivo
da tristeza, qual seria
(pensava o pai). Que castigo?
Arte de feitiçaria?

Feitiçaria... E partiu
o homem, desarvorado.
Quando voltou, foi trazendo
o feiticeiro a seu lado.

E eis então o poderoso
se acercando da menina,
falando coisas transversas
com voz grossa, depois fina,

depois grossa novamente,
depois um silêncio fundo,
pois procurava escutar
as vozes do Outro Mundo,

que logo diagnosticaram
a gravidez da menina.
Esta vida, a que vergonhas
(pensou o pai) nos destina!

O feiticeiro se foi,
bem pago, dever cumprido,
e a filha, diante do pai,
jurava não ter mentido.

Jurava por Deus, por todos
os santos, e pela luz
que a alumiava, pela Virgem,
pelas chagas de Jesus!

Não podia estar mentindo,
que era muito religiosa,
como também uma filha
recatada, respeitosa.

A mãe a abraçou, chorando.
O pai foi à solidão

da noite, onde algum orvalho
lhe abrandasse o coração.

Passados três, quatro dias,
levantado um adjutório,
o pai, a mãe e a filha
entraram no consultório

do médico da cidade,
que ouviu tudo e examinou
demoradamente a moça.
Depois, sorrindo, falou

não ter encontrado coisa
nenhuma de errado nela
— a menos que fosse errado
uma moça ser donzela...

Eram três rostos luzentes
(até o da triste virgem)
e, de tão feliz, o pai
chegou a sentir vertigem

— mas logo desvanecida
ao pensamento inflamado
de desmascarar ao povo
o feiticeiro safado!

O que fez, de casa em casa.
Em seguida, frente a frente
com a figura hedionda,
que o fitou dementemente

e reagiu, horripilante,
com uma praga assassina
— não contra o homem, contra ela,
contra a donzela, a menina:

ela morreria murcha,
cabeça encolhida, seca,
afundando-se nos ossos
dos ombros, qual fruta peca.

Dito isto, escafedeu-se
nos matos, todo danado,
assim como o Coisa Ruim
foge do Nome Sagrado.

Nem passados mais seis meses,
estava morta a menina,
bem como fora rogada
aquela praga malina:

como uma boneca murcha,
cabeça encolhida, seca,

afundando-se nos ossos
dos ombros, qual fruta peca.

Pai e mãe largaram tudo
e se sumiram na estrada.
Para onde? Quem sabia?
Ninguém sabia de nada.

Mas toda gente sabia
da história. Todos sabiam
de muitos outros sucessos,
assombros que se diziam,

espalhavam-se em murmúrios,
alagavam como um rio,
levando através das almas
o seu longo calafrio.

Histórias também sabidas
do povo Bispo dos Santos,
que se persignava, hirto,
e se apegava com os tantos

santos do nome e do céu.
E que mais santos houvesse,
pois o que vinha era coisa
de demandar muita prece.

É que o homem dos arcanos,
medição em medição,
ia juntando às suas terras
outros pedaços de chão.

Aos que ousavam discordar,
mesmo em extremo de calma,
retaliava com pragas
de tornar em cinzas a alma.

Aos teimosos, prometia
que sobre sua criação
faria chover doenças
e chamas na plantação.

E acontecia: animais
de cascos, patas e asas
morriam. E vinha fogo
até o terreiro das casas.

Assim, melhor acatar
essa nova medição
que perder tudo ou baixar
a sete palmos do chão.

E eis que o Tinhoso se ia
crescendo em terra, riqueza,
cintilando mais e mais
uma sinistra lordeza.

As terras de Generino
já tinham perdido um lanho
para a medição do homem.
E um lanho de bom tamanho.

Mas eis, então, que o Capeta
achou que era esse lanho
muito pouco — e mediu mais,
lanho de amplo tamanho,

que tirava o que existia
de melhor na plantação
e o que ali acontecesse
desgarrar da criação.

Isso já era, porém,
demais para um Generino
como aquele, que na vida
não fora nunca mofino.

E eis que ele lá se foi
em busca do tenebroso.
E até começou falando
baixo, educado, calmoso,

mas o outro logo pegou
a xingar de cabo a rabo,

com um bafo que parecia
vir das ventas do Diabo!

Generino estremeceu,
mas a hombridade falou
mais alto e enfrentou a fera
e muito claro deixou,

àquele Cão, que de nada
valia sua medição
— e se retornasse às terras
iria apanhar de facão!

Ao que o outro ripostou:
"Tu já és um fruto peco,
mas ficarás pior, pois vais
morrer como um sapo seco!"

E se afastou como um vento
escuro, para o terreiro
dos arcanos. Generino
tremia de corpo inteiro.

"Sapo seco, sapo seco",
batia seu coração.
Não era de covardia,
de correr de assombração.

Viesse a Mula Sem Cabeça,
para ver o que era homem!
Se preciso, até sairia
no braço com Lobisomem!

Mas com as forças da Mandinga,
quem é que se pode haver?
"Sapo seco, sapo seco",
seu coração a bater.

À noite, rolou na cama,
despenhou-se em pesadelos,
um frio subia dos pés
para a ponta dos cabelos.

Assim as noites seguintes,
assim os dias também:
num vento de assombramento!...
Mas nada disse a ninguém.

Sentia que se ia murchando.
Endurecia, resseco.
E o coração martelando:
"Sapo seco, sapo seco".

Foi neste ritmo que a mão
tateou a velha coronha
da espingarda. Boa medida
de chumbo grosso. Medonha,

a noite tudo escondeu,
só não de uma tresnoitada
lua que viu Generino
deixar pegadas na estrada.

Pegadas de passos duros:
"Sapo seco, sapo seco".
Assim ressoava o mundo,
esvaído, fruto peco.

O dia já se ensaiava,
mas parecia o terreiro
navegar ainda na noite
por artes do feiticeiro.

"Malasartes que eu agora
de vez por todas termino,
desgraço esse Pé de Bode",
assim pensou Generino.

E gritou: "Acorda, Diabo,
vem cá pra fora, no dia,
que eu quero ver se garantes
a tua feitiçaria!

Se não vens, vou te buscar
no entra-em-beco-sai-em-beco!

Te acabo, se repetires
que vou morrer sapo seco!"

E eis que a treva se moveu
e o outro saiu, firme, teso,
estudando Generino
com um sorriso de desprezo.

E disse: "Já estás ainda
mais murcho, amarelo, peco.
Falei, está falado: vais
morrer como um sapo seco."

"Te arrenego, Satanás!
Me tira essa praga fora
ou te engravido de chumbo,
te mando pro Inferno agora!"

— berrou Generino, louco.
Mas o outro cuspiu, resseco,
e disse: "Não tem mais jeito,
tu vais morrer sapo seco."

Foi quando a manhã tremeu
sob um raio atroador.
Onde a ajuda dos arcanos,
do Canhoto protetor?

No chão, um corpo torcido.
Fruto bichado, não peco.
Mas Generino ainda ouvia:
"Sapo seco, sapo seco".

Foi entregar-se. Ao delegado
disse, como disse ao juiz:
"Porque não tinha outro jeito,
foi que eu fiz o que fiz.

Não por ele me chamar
de amarelo, fruto peco,
mas pela praga rogada
de eu morrer um sapo seco.

Ou eu matava ou morria
como ele disse, resseco
— e eu não quero, doutor,
morrer como um sapo seco!"

O doutor ficou a esmo:
como morrer sapo seco!?
Generino recontou,
mas era coisa de beco

sem saída para o juiz.
Que espantos testemunhava

naquelas brenhas perdidas!
Às vezes desanimava...

E o processo prosseguiu.
"Esse já está condenado",
diziam. Porém um dia
surgiu um advogado

que, ouvindo o caso, falou
com meridiana certeza:
"Vou tirá-lo da cadeia,
foi legítima defesa."

Como isto causou espanto
(o outro estava desarmado!),
o advogado chamou
um professor renomado

para respaldar a tese
(com nada de fruto peco)
de defesa contra a morte
em forma de sapo seco.

(E o réu ainda pedira
que lhe fosse retirada
a praga. Inútil: que o outro
a mantivera rogada.)

O professor, perguntado,
respaldou os argumentos
do advogado, pois que o homem
é o que é seu pensamento,

seus credos, seu meio, o mundo
em que vive desde a infância.
Ou seja: o que é em si mesmo
mais a sua circunstância.

Falou bem límpido o mestre,
sem posfácios e sem prólogos,
contrariando os falares
das tribos todas dos Ólogos.

E nem tanto era preciso
para a tese convencer:
o advogado sabia
que os jurados se iam ver

cada qual um Generino
ficando mais murcho, peco,
pelos poderes da praga
de morrer um sapo seco,

que eram todos como ele,
crescidos iguais na infância,

lavrando de vida e morte
numa mesma circunstância.

Por isso a acolhida unânime
da legítima defesa.
Mas no olhar de Generino
continuava a tristeza.

Abraçou o advogado,
tremendo. E, a gaguejar,
perguntou-lhe: "Mas, doutor,
e se a alma dele voltar

para se vingar de mim
e me tornar todo peco
com a mesma praga de eu
morrer como um sapo seco?"

Respondeu o advogado:
"Não, ele não volta mais.
Essa viagem é só de ida,
tudo acabou, fique em paz."

E partiu, dever cumprido,
porém se sentindo peco
por não poder defender
o homem do seu sapo seco,

que assim ele já morria
em si: como um fruto peco,
na alma trevosa de crenças,
seca como um sapo seco,

pois de nada lhe servira
explodir aquele dia,
que dos arcanos do outro
fugir jamais poderia,

se eram os mesmos arcanos
dele, esse pobre, esse peco
a quem ninguém livraria
de morrer um sapo seco.

★ ★ ★

Generino Bispo dos Santos foi a júri, em Ibicuí, interior da Bahia, no início dos anos 70. Atuou na defesa o advogado Ruy Espinheira, que convidou como depoente em favor de sua tese o antropólogo Vivaldo da Costa Lima. O poeta Jehová de Carvalho publicou crônica a respeito do caso no Diário de Notícias *(Caderno 1, p. 4, 10 de fevereiro de 1973, Salvador, Bahia.)*

3.

SETE POEMAS DE OUTRA ERA

(1969-1975)

NOTA

Julguei, a princípio, que eram prosas, porque escritas, originalmente, de margem a margem das páginas. Quando as relia, porém, pareciam-me estranhas, não ficavam bem no meio das prosas. Depois, a cada releitura, foram-me parecendo, mais e mais, poemas. Estou convencido, hoje, de que são mesmo poemas. De outra era, sem dúvida, mas poemas.

REF

GRAAL

I

Hoje não falarei
da vulgaridade cotidiana. Hoje
as fímbrias dórias acenam e não há como
não sucumbir ao roseiral
em flor.
Hoje, zurzindo azul,
as ondas albiônicas espumam
em meu peito. Venta
em ventoim. Rumoram
falanges, alfanges. Direi, sim,
de como e quando gruzman
palomas; decifrarei
os róridos de junho; revelarei
as dunas lúnicas. Não
me compreendem? Amanhã,
amanhã serão inconsoláveis
os que se abrigam
no opaco.

É o que sinto. Por isso beberei
mais uma taça de vinho
de papoula.

II

Digam a ela,
à longínqua,
que as fímbrias dórias acenam,
acenam,
e o velho bruxo, de boné xadrez,
busca o seu unicórnio nos ramos
da árvore Jaxtymmm. Não, não me tocará
a vulgaridade cotidiana. Estou
em ônix. A fênix come
em minha mão, imitando
a cor dos trigais
de Van Gogh. Fritz
— o loiro Fritz — brinca
com os seus iguanos extintos.

Ofélia sonha, sonha. Bom-dia, Pássaro
de Órion! Em vão as muralhas
lançam as suas sombras
úmbrias. Poetas tísicos
cantam alfombras. É a hora álea!
Amemos, meu flamejante
coração! As alcateias
se afastaram, vamos ver
os lírios tigrinos. Ou
tocar o sino. Ou
batizar o menino. Ah,
a infanta teme as gárgulas
e recua!

III

Cem anos além do rio,
ao som de um alaúde,
alguém canta para a filha
mais nova do burgomestre.

É verão no lago
da montanha. O louco
protesta inocência. Escuto,
escuto, fecho os olhos
e escuto. Não me venham
contar essas coisas. O Delfim
sorri com o seu baralho
marcado. E a estátua grega, Bispo,
que eu ganhei num jogo
de gamão?
Falemos dela.

IV

Dunetchka, a de cabelos longos,
vela o sono da infanta. Alguns pensam
que é noite, mas o dia
apenas se inaugura no vale
dos gnomos. O ócio,
pousado nas espáduas de Josephus,

vê sem gestos os trirremes
que aportam como nuvens.
Como nuvens, eu disse,
mas em abril. Das carícias
findas, abandonadas
no caminho, fica o pungente
odor que me denuncia
às hienas.

V

No espelho, Karla é uma princesa
nórdica. Por isso se acovardam
os trúdinas. Ah-ah. Neste momento
solene, pasmos, os ínclitos
crocitam
nas grutas mais abscônditas
de Nemeia. Não, não perturbem
a modorra do Grifo
Imperial! Venta
em ventoão. É inútil
correr pelos campos
ancestrais. Os ossos
dos heróis ferem os pés
de Ignez. Ela, porém, terá
a Estrela d'Alva. Amemos. Os ludos se organizam
entre margaridas. Todo o povo foi

ver o primeiro ninho em construção
numa mangueira jovem. Assumo a diamância
matinal. Ameaçam com a noite? Melhor,
bailaremos à sombra. Ou
repousaremos nossas ânsias
aguilhoadas pela rosa
dos ventos.

VI

Os enigmas dos quelônios,
ímpiros,
lacustram as fragilmente
borboletas. Esqueçamos
as diatomáceas. Esta não é
a hora. Nossos antepassados
suspiram prélios nas muralhas
célticas. Estrategos
cantarolam nos vergéis
aromais. E tu, Dama do Olvido,
por que cismas
e te abismas? A trisavó,
há cento e vinte anos
de luto,
se consola com anjos
crepusculares.

VII

Repito: Fritz
— o loiro Fritz —
brinca com os seus iguanos
extintos. Sou eu, sou eu,
mas quando pousavam
andorinhas. Sei que sou
eu,
mas no embalo da garoa
presente (outrora) e das neves
imaginadas. Ah, as falsas
tartarugas zumbilham
andras salamandras! Se a infanta
está dormindo, é água límpida
nos regatos.

Gruzman
palomas.

Sem fim.
Nunca mais.

Na Torre Maior,
saudando os girassóis,
meu coração
graal.

O POSSESSO

I

Então acreditei nos poderes milagrosos do vento
do mar.
                        E fui andando
em direção às ondas, e havia como
muita cinza fria
em meu coração, e uma secura
nos meus olhos, e meus lábios
se cerravam, duros, e ninguém
me conhecia, e eu não conhecia
senão o que me pejava
de cinza
o coração.

II

E mesmo aquilo eu não
conhecia,
e o chão verde do meu repouso
estava
muito além do horizonte, e toda
a esperança se prendia

ao vento do mar. Assim
foi. Ah, como eu precisava crer
nos poderes milagrosos
do vento do mar! Por quê?
Mil respostas e nenhuma.
                    Havia
uma menina sorrindo
numa praça, entre árvores; e um amigo
que ouvia música e saía
para se matar; e alguém
que sem emoção me comunicava
 a morte desse amigo; e uma voz
suave, em noite de lua plena,
cantando a despedida
que era de outras pessoas e doía
como se fosse minha; e teus versos,
companheiro, no último bar
da madrugada; e tua revolta,
companheiro, e tua angústia; e sangue
nos lábios daquele que não
retornará; e a palavra
que eu não disse — a mesma que ela também
poderia dizer — e assim não
encantou aquela tarde; e as outras
palavras — as que magoaram,
feriram, humilharam; e as mentiras
do medo e as mentiras
da maldade; e o áspero leito

do sonho,
de tantos sonhos,
o áspero leito;
        e a árvore
assassinada; e as ilhas
bem-aventuradas
que a minha hesitação não te ofertou
no momento próprio, namorada; e a distância
e a distância e a distância;
e o que
cruelmente foi murmurado
e repetido; e a ladainha
das ansiedades jamais
aplacadas.

III

Ah, eu precisava crer na magia
do vento do mar — porque sabia tudo o mais impotente
para livrar-me
do que era como muita cinza
fria
no coração,
e também era como fogo
vivo.

IV

Por isso fui andando
em direção às ondas,
eu,
quase animal em fuga,
eu,
homem, gota d'água troando
o oceano,
névoa, criança, trapo,
coisa pânica,
eu!

V

E cheguei o mais perto possível do vento
do mar. Por um instante
fechei os olhos e me vi
fora de mim mesmo, como se outra
pessoa. Melhor: vi aquele que fui em
certo momento, não sei
se de modo falso
ou real. Vi aquele
— e bastava. E a paz
vinha do teu corpo, e era a mesma
de alguém que ficara longe,
ainda mais
longe: um menino

sem o peito escalavrado de sonhos
e carências.

VI

Um menino. E havia azul
e cigarras cantando. E teus cabelos,
eram fonte suave
sob a minha carícia. Mas só
por um instante. Lá estava eu,
repleto
de fantasmas, aguardando
o milagre do vento
do mar. Cansado, excessivamente
cansado, talvez louco. Lá estava
eu, Senhor, como uma súplica! E o vento
soprava rude, e as ondas
como uma alcateia
danada mordendo a areia
junto aos meus pés, e os arrecifes
como remorsos, e os coqueiros
curvando-se
ao vento, ah, e meu coração
ardendo sob cinza fria, e os olhos secos,
e os lábios cerrados, e o sorriso
na praça, e a melodia de Sibelius
nos ouvidos daquele que saía
para se matar, e a notícia

dessa morte, e a canção
de despedida, e os versos, e o último bar
da madrugada, e a revolta,
e a angústia, e o sangue, e a palavra
que não foi dita, e as palavras
que magoaram, feriram,
humilharam, e as mentiras,
e o áspero leito
do sonho, de tantos sonhos, o áspero
leito, e a árvore
assassinada, e as ilhas, e a distância, e o
murmúrio cruel, e a ladainha
das ansiedades...

VII

E o vento do mar.
Sem nenhum milagre.
Dolorosamente sem milagre.
Apenas vento do mar.
Apenas vento.
Vento.

EM AKDYR

I

Das minhas falsas recordações,
com extremo cuidado,
retiro aquele tempo
em Akdyr. Só havia em mim
uma luminosa
felicidade,
porque o pássaro da Torre Azul,
que morrera há cem anos,
subitamente revivera e pronunciara
o teu nome.

II

Atravessei, então, o Grande Deserto,
e te encontrei,
como prometiam os velhos
Pergaminhos Sagrados,
ao pé da sétima fonte. Ainda te restavam
muitas tristezas,
sombras no olhar,

insegurança
nas mãos e nas palavras. E me contaste
muitas coisas: falaste
da neve negra que caía
em Ully; dos homens
que se matavam entre as rochas
das montanhas; do brilho
desesperado
que havia nas lágrimas das virgens encarceradas
na solidão. Vi que precisava
te consolar, e disse: "Todo o mal
já passou. Agora estás aqui. Descansa,
namorada."

III

Mas não podias, ainda não podias
descansar. Apontaste
para trás,
para a estrada
de tua vinda, e eu divisei
os fantasmas melancólicos
que te haviam acompanhado. Lembrei, então,
as palavras
dos Pergaminhos Sagrados. Elas diziam
que eu necessitava, para te ensinar
a alegria, cultivar
uma longa e grave
paciência.

IV

E cultivei uma longa e grave
paciência. Todas as noites, ao estudar
os hieróglifos das constelações,
eu galgava os sete pavimentos
da torre babilônica. Por vezes incontáveis,
o imperador da China fez soar
seus tambores
no Altar da Pátria. Meu coração
rangia
como um velho portão
enferrujado. Mas eu estava firme,
meu amor.

V

A estrada começou a ficar livre dos fantasmas
melancólicos. Em teus lábios
já começava a se formar um leve
sorriso. Os corvos iam morrer
no pântano. Os rios se tornavam mais calmos
e claros. E um dia,
ao amanhecer,
começaste a falar sem sombras
nem insegurança. Os campos nos enviaram
seu perfume suave. E nos olhamos longamente
nos olhos,
pacificados.

VI

Eu então ordenei que fosse abril,
mas com certos tons de janeiro
e memórias de maio. Convoquei
remotas nuvens matinais, ondas peremptas, extintos
domingos. Tudo isso era
necessário para que eu
te pudesse entender
perfeitamente. Já não falavas mais
na neve negra que caía em Ully,
nem nos homens
que se matavam entre as rochas
das montanhas, nem no brilho
desesperado
nas lágrimas das virgens encarceradas
na solidão. Agora, o que dizias
eram coisas simples
e puras.

VII

De repente, sem aviso, me levaste para
outro lugar,
outro mundo,
e vi que conhecias
todos os meus segredos. Paraste um pouco na rua
da minha infância, sob uma árvore morta

há mil anos,
e chamaste pelo nome o cão
que correu
para me receber. Tiraste do ar uma folha
de papel, onde,
com letra infantil,
estava escrito um poema
ingênuo. Em seguida, sorrindo, eras uma
presença mágica em minha
adolescência. Passeavas num jardim
antigo, indiferente
aos delírios do meu
engano. Tinhas três ou quatro nomes,
mas eu não te chamei
por nenhum deles. Impossível dar-te
um nome de mulher, de simples filha
dos homens, porque em mim pousavas
como um anjo,
enigmática
como um anjo,
doce e terrível
como um anjo.

VIII

E de novo estávamos
em Akdyr. Eu me sentia
confuso. "Todo o mal

já passou", disseste. Ao som
de tuas palavras, a paz
se fez em mim. Abri os braços
e falei: "Sim, todo o mal
já passou. Descansa,
namorada."

E o mistério era grande
como Deus.

SOBRE O PENHASCO

I

Alguma coisa vai chegar de longe,
pensei,
enquanto caminhava pela beira
do mar. Sinto que alguma coisa
chegará de muito longe, repeti,
olhos cravados nas pesadas nuvens
do Oeste.

II

Praia quase
deserta. Além de mim,
apenas os dois que brincavam
na areia. Cabelos louros
e encaracolados, ambos. Mãe e filho,
sem dúvida. E riam o mesmo riso
livre, livre.

III

Voltei a cravar os olhos nas nuvens
pesadas do Oeste. Eu não podia rir. Não antes
que alguma coisa chegasse
de muito longe. Mas que coisa?
Eu não sabia. Apenas
caminhava, expectante, pela beira
do mar. Tarde de julho, ondas
irritadas. Lancei o meu cigarro
contra os arrecifes maltratados
e negros.
                    Ó arrecifes
maltratados e negros, ó
minha alma!, bradei. E, receoso,
olhei a mãe e o filho, mas nenhum
me escutara. Então acendi
outro cigarro, as mãos trêmulas. Por que
tremiam-me as mãos? Ah, é uma longa
história. Talvez nem mesmo eu
possa contá-la. E contá-la
para quem? Para quê? Esquece,
coração.

IV

E eu caminhava. Fui, outrora,
talvez,
um andarilho sem destino, um

vagabundo de estrada. Devo ter
amado o amanhecer, o crepúsculo, a flor
silvestre. Gosto de pensar
que fui um homem assim. E naquela tarde,
caminhando pela beira
do mar, amei,
como nunca,
este pensamento. Outrora
eu não esperava que alguma coisa
chegasse de longe. Outrora eu ia,
sem ânsia nem
humilhação, como um claro
habitante do sol
e do ar puro. Outrora.
Um sonho.

V

E eu continuava a caminhar
no âmago daquela tarde
de julho. E de repente
havia gaivotas,
duas,
em voo rasante
sobre as águas. Saudei-as
com uma antiga paz que vem morrendo
em mim. Tardava o que deveria
vir de longe. Somente

as pesadas nuvens do Oeste se tornavam
mais próximas. Um vento seco
começou a soprar,
vergando os coqueiros
da colina. Então eu me senti
exausto e amargo, e voltei-me,
perplexo,
para mim mesmo, para a minha própria
vida. Penetrei
na escuridão e no caos,
em mim,
na minha vida!

(Ah, a alma do homem
é como as exclamações que os antigos
habitantes da Ática lançavam
para expressar,
num só tempo,
a tristeza pela morte
de Egeu
e a alegria pelo retorno
de Teseu. Exclamações
confusas,
formadas
por gritos de aflição e cantos
de triunfo. A alma do homem
é semelhante a essas vozes,
meu amor.)

VI

Isto eu disse sem palavras
e sem resignação. O vento seco se tornou
mais forte, duro, quase
intolerável. Olhei em busca
da mulher e da criança, e eis que eu estava
sozinho na praia. Também as gaivotas
tinham partido. Nada
chegava de longe, além daquele
vento e das nuvens
pesadas
do Oeste.

VII

Subi, então, no penhasco
mais alto, negro monstro
nascido de agonias
imemoriais. E lá fiquei,
batido pelo vento,
até que a noite veio. E como a noite
não era senão apenas noite,
deu-me vontade de chorar. E lentamente
comecei a voltar
para casa. Depois, já no meu quarto,
descobri que ainda continuava
sobre o penhasco. Ainda esperava

que alguma coisa chegasse
de muito longe,
e tinha os olhos cravados
em pesadas nuvens
do Oeste. Ermo
e expectante.

(Não, nunca
amei simplesmente o amanhecer,
o crepúsculo,
a flor
silvestre. Fui sempre aquele
que, de pé
sobre estertores abissais,
anoitece
voltado para o que não chegará
jamais.)

FRIO

Chove.
Mar e céu cor de chumbo.
Casas com rostos melancólicos.
O Jardim Zoológico anuncia galinhas ornamentais.
Morte de Edna foi crime ou suicídio?
Nuvens baixas, pesadas.
Faz frio, meu amor.

Raptaram uma moça na Cinelândia.
Um político inglês considera obscena escultura
que representa um casal de namorados.
Outro político sugere que a escultura seja colocada
num parque. Como falou Zaratustra,
para os puros tudo é puro,
para os porcos tudo é porco.

Chove mais.
Antigamente era simples:
ruas quietas, risos na praça, sombras de árvores.
Vestidos brancos em manhãs de domingo.
O sino. Chamando para a missa ou acompanhando
ao cemitério. Eu queria aprender

a tocar o sino,
mas me disseram que sino não gosta
de menino.

Ondas se quebram, cinzentas, contra rochas negras.
Policiais torturam prisioneiros.
Terroristas prometem novos sequestros,
novas bombas. Adolescente
se atira do oitavo andar.
Menor relata sevícias.
Bem-me-quer, mal-me-quer. Ah,
mal-me-quer... Doeram-me olhos verdes
de janeiro a maio. Depois, silenciosa,
veio a garoa de junho.

Ainda chove.
Antigamente é um país mágico.
Bom é morar em Antigamente.
Flores de tamarindeiro cobrindo o chão.
Canto longínquo e triste de perdiz.
Cuidado, o açude é muito fundo.
Já matou três homens, uma mulher,
um menino. Melhor não brincar
com a sorte.

As meninas me fizeram saltar o muro
do internato. Retornei
sem alegria. Sigo sem

alegria.
Há cabelos ao vento, transatlânticos naufragados, risos
escarninhos. Há mais,
há muito mais.
Há o mundo.
Por que gritam tanto,
meu general?

Chove, chove, chove.
Portas e janelas fechadas.
Estou melancólico.
A cidade está melancólica.
Chove melancolia sobre o mundo,
sobre a vida.

Faz frio,
faz muito frio,
meu amor.

ATÉ QUE A VIDA NOS SEPARE

Teu riso é límpido.
Teu corpo é claro e suave.
Caminhamos alegremente, formosos
na manhã azul.

Tu me contas coisas simples, pequenos
acontecimentos das últimas horas. Vamos
de mãos dadas, corações pacificados
e infantes, abertos aos gorjeios
do parque.

O mago Merlin nos oferece duas rosas vermelhas,
    sorrindo
com jeito de Papai Noel, e pergunta se vimos
o Santo Graal.
— Está ali naquela árvore — tu respondes. —
    Escondido numa casa
de joão-de-barro.
Merlin agradece e prende um cravo
em teus cabelos.

Logo adiante há uma festa,
subimos na roda-gigante e nos sentamos ao lado
do rei de Tule,
que atira a taça, a coroa, o cetro e o manto de púrpura
para a multidão.
Há aplausos e grandes risadas.
Certas leis são fartamente distribuídas para serem
    insultadas,
rasgadas,
incineradas
publicamente.
E o povo dança sobre as cinzas dessas leis
enfim justiçadas.

Instantes depois estamos na praia.
Alguém nos acena de um veleiro que passa
— talvez Simbad, talvez Robinson Crusoé —
e respondemos com amplos gestos de saudação.

Não sei como aprendeste a conversar com as ondinas.
Vejo-te falar com elas como se fossem velhas amigas,
numa linguagem doce e intraduzível como o marulho
das ondas.
E recebes notícias de ilhas distantes,
uma pulseira de coral dos abismos
oceânicos, o gancho que substituiu
a mão decepada de um bucaneiro
das Antilhas.

E andamos pelos campos,
e nos acariciamos,
e nos amamos longamente
sobre a relva.
Assim flui a tarde, e surge
uma lua imensa, muito clara, refletindo-se
em teus olhos E há pirilampos
em teus cabelos.

Como a manhã e a tarde,
também se desfaz a noite.
E somos filhos do orvalho, primeiros habitantes
do dia.
Nunca estiveste tão bonita, assim
amanhecente,
caminhando junto a mim pela estrada
de areia branca.
Em breve o sol dominará o céu,
reabrirá as praias,
despertará a cidade dos homens
repousados.
Mas tu não precisas, nem eu, de repouso.

Estamos lúcidos, seguiremos lúcidos.
Sinto vontade de dizer-te palavras novas,
feitas especialmente para transmitir o ritmo
do meu coração.

Mas fico em silêncio, envolto
em tua presença,
luminoso de alegria.
Já não conheço meu nome, nem a minha idade, nem
a minha terra.
Bastam-me este momento
e esta estrada,
o cheiro de mato,
a manhã nascente,
a melodia que se desprende
do teu andar.

Há gotas de sereno em tua testa,
nas tuas pálpebras, nos teus lábios.

Ao passarinho que pergunta de onde vens,
respondes
como aquela *niña* de García Lorca:
— *Vengo de los amores y de las fuentes.*

E continuamos, continuamos.

A ILHA MARIA

1

Maria, que é uma ilha,
me chama na brisa noturna
do mar.

E é um amavio
esse chamado, pleno
de sereias e corais,
algas e anêmonas,
praias longas
e mulheres de pele de ébano
dançando à roda do fogo.

Dançando.

Uma dança sensual
que,
principiando lenta,
vai pouco a pouco se tornando
mais e mais
rápida,
bravia,

vertiginosa,
e cujo significado é o amor livre
e selvagem
das ilhas primitivas.

Eu escuto o chamado e me dou ao sortilégio.
Abro amplamente minha janela, meu coração.

2

Sou um pobre homem da cidade.
Todas as minhas aventuras são uma só,
e nem são aventuras.
Durmo e acordo com o ruído do trânsito.
Ou então não durmo: saio em romaria
pelos bares.
E para onde? Lugar nenhum.
Para a noite, apenas, e ela sempre
me traz de volta
pelo mesmo caminho.
E na próxima vez não será diferente.
Será igual. Ou pior. No entanto,
sinto inelutável essa próxima vez.

3

Mas hoje,
na brisa noturna que vem do mar,
a ilha Maria me chama.

E eu estremeço a esse chamado,
e há em mim um confuso
e quase imperceptível movimento
de memórias ancestrais.

(Sim, talvez eu tenha sido,
em abissal pretérito,
um nativo da ilha Maria.

Memórias ancestrais. Tantos mistérios.
Tantos.)

4

Adeus, vou viajar até o outro lado
da brisa.

Estou cansado,
muito cansado mesmo.
Cansado de ficar.

Já não quero mais vestir estas roupas.
Não quero mais asfalto, nem máquinas,
nem últimas notícias, nem carteira
de identidade, nem fumaça
de chaminés. Como aquele carioca
que se despiu numa rua do Leblon,
declaro-me farto de ser
civilizado.

Por isso,
vou em busca da ilha Maria.
No outro lado da brisa ela me aguarda
com seus coqueiros, suas choupanas no alto
de colinas suaves,
suas mulheres de ébano
dançando
à roda do fogo.

Dançando.

Ah, suas mulheres de ébano!
Ao menos uma delas amarei,
ao menos uma. E ela se chamará
Maria,
como sua terra. E será também
uma ilha,
onde eu,
náufrago de tantos equívocos
sentimentais,
repousarei de corpo
e alma.

Em Maria,
ilha e mulher,
serei feliz.

Não caçarei, não pescarei, não colherei
frutos:
viverei de algas
como um pacífico iguano marinho
das Galápagos.

5

A ilha Maria é a mais bela de todas.
A mulher Maria é a mais bela de todas.
Nas areias da primeira
e nos braços da segunda
quero estar ainda esta noite.

Amando e ouvindo histórias,
como aquela
do monstro do mar,
cujo nome não se pronuncia,
que se devorou na inverossimilhança roaz
de sua própria lenda.

Do Autor

POESIA

Poemas (com Antonio Brasileiro). Feira de Santana-BA: Edições Cordel, 1973.

Heléboro. Feira de Santana-BA: Edições Cordel, 1974.

Julgado do vento. Rio de Janeiro: Civilização Brasileira, 1979.

As sombras luminosas. Florianópolis: FCC Edições, 1981. Prêmio Nacional de Poesia Cruz e Sousa.

Morte secreta e poesia anterior. Rio de Janeiro: Philobiblion/INL, 1984.

A guerra do gato (infantil). Salvador: *Jornal da Bahia*, 1987; 2ª ed. Rio de Janeiro: Bertrand Brasil, 2005.

A canção de Beatriz e outros poemas. São Paulo: Brasiliense/*Jornal da Bahia*, 1990.

Antologia breve. Rio de Janeiro: Universidade do Estado do Rio de Janeiro (col. *Poesia na UERJ*), 1995.

Antologia poética. Salvador: Copene/Fundação Casa de Jorge Amado, 1996.

Memória da chuva. Rio de Janeiro: Nova Fronteira, 1996; 3ª impressão, 1999. Finalista do Prêmio Nestlé de Literatura Brasileira e do Prêmio Jabuti, ambos em 1997; Prêmio Ribeiro Couto — União Brasileira de Escritores —, 1998.

Livro de sonetos. Feira de Santana-BA: Edições Cordel, Coleção Poiuy, 1998.

Poesia reunida e inéditos. Rio de Janeiro: Record, 2ª ed., 1998.

Livro de sonetos. 2ª ed. rev. ampl. e il. Salvador: Edições Cidade da Bahia/Capitania dos Peixes, 2000.

A cidade e os sonhos/Livro de sonetos. Salvador: Edições Cidade da Bahia/Fundação Gregório de Matos, 2003.

Elegia de agosto e outros poemas. Rio de Janeiro: Bertrand Brasil, 2005. Prêmio Academia Brasileira de Letras de Poesia, 2006. No mesmo ano, Prêmio Jabuti, da Câmara Brasileira do Livro, e "Menção Especial" do Prêmio Cassiano Ricardo — UBE/RJ.

Romance do sapo seco: uma história de assombros. Salvador: Edições Cidade da Bahia, 2005.

FICÇÃO

Sob o último sol de fevereiro (crônicas). Rio de Janeiro: Civilização Brasileira, 1975.

O vento no tamarindeiro (contos). Rio de Janeiro: Codecri, 1981.

Ângelo Sobral desce aos infernos (romance). Rio de Janeiro: Philobiblion/Fundação Rio, 1986. Prêmio Rio de Literatura — 2º lugar — 1985.

O rei Artur vai à guerra (novela). São Paulo: Contexto, 1987 (finalista do Prêmio Bienal Nestlé, 1986).

O fantasma da delegacia (novela). São Paulo: Contexto, 1988; 2ª ed., 1989.

Os quatro mosqueteiros eram três (novela). São Paulo: Contexto, 1989.

Últimos tempos heroicos em Manacá da Serra (romance). Belo Horizonte, Oficina de Livros, 1991.

Um rio corre na Lua (romance). Belo Horizonte, Leitura, 2007. (Incluído entre os semifinalistas do Prêmio Portugal Telecom 2008.)

De paixões e de vampiros: uma história do tempo da Era (romance). Rio de Janeiro: Bertrand Brasil, 2008. (Incluído entre os semifinalistas do Prêmio Portugal Telecom 2009.)

ENSAIO

O nordeste e o negro na poesia de Jorge de Lima. Salvador: Fundação das Artes/Empresa Gráfica da Bahia, 1990.

Tumulto de amor e outros tumultos — criação e arte em Mário de Andrade. Rio de Janeiro: Record, 2001. Finalista do Prêmio Jabuti, 2002.

Forma e alumbramento — poética e poesia em Manuel Bandeira. Rio de Janeiro: José Olympio/Academia Brasileira de Letras, 2004.

PARTICIPAÇÃO EM ANTOLOGIAS

25 poetas/Bahia/de 1633 a 1968. Salvador: Atelier Planejamento Gráfico/Desc, 1968.

Breve romanceiro do Natal. Salvador: Editora Beneditina Ltda., 1972.

Contos jovens (n° 4). São Paulo: Brasiliense, 1974.

Carne viva — 1ª Antologia Brasileira de Poemas Eróticos. Org. de Olga Savary. Rio de Janeiro: Anima, 1984.

Artes e ofícios da poesia. Org. de Augusto Massi. São Paulo/Porto

Alegre: Secretaria Municipal de Cultura do Município de São Paulo/Artes e Ofícios, 1991.

Sincretismo — a poesia da geração 60, introdução e antologia. Org. e introd. de Pedro Lyra. Rio de Janeiro: Topbooks, 1995.

O conto baiano contemporâneo. Org. de Valdomiro Santana. Salvador: EGBA/Secretaria da Cultura e Turismo, 1995.

A poesia baiana no século XX (Antologia). Org., introd. e notas de Assis Brasil. Salvador/Rio de Janeiro: Fundação Cultural do Estado da Bahia/Imago, 1999.

Vozes poéticas da lusofonia. Seleção de textos de Luís Carlos Patraquim. Sintra: Câmara Municipal de Sintra/Instituto Camões, 1999.

18+1 poètes contemporains de langue portugaise (édition bilingue). Seleção de Nuno Júdice, Jorge Maximino e Pierre Rivas; traduções de Isabel Meyrelles, Annick Moreau e Michel Riaudel. Paris: Instituto Camões/Chandeigne, 2000.

Antologia de poetas brasileiros. Seleção e coordenação de Mariazinha Congílio. Lisboa: Universitária Editora, 2000.

A paixão premeditada — poesia da geração 60 na Bahia. Seleção, organização, introdução e notas de Simone Lopes Pontes Tavares. Salvador: Fundação Cultural do Estado da Bahia/Imago, 2000.

Antologia de poesia contemporânea brasileira. Organização de Álvaro Alves de Faria. Coimbra: Alma Azul/Ministério da Cultura/Instituto Português do Livro e das Bibliotecas, 2000.

O conto em vinte e cinco baianos. Organização, prefácio e notas de Cyro de Mattos. Itabuna (Bahia): Editus, Coleção Nordestina, 2000.

Os cem melhores poetas brasileiros do século. Seleção de José Nêumanne Pinto. São Paulo: Geração Editorial, 2001.

Os cem melhores poemas brasileiros do século. Organização, introdução e referências bibliográficas de Italo Moriconi. Rio de Janeiro: Objetiva, 2001.

Poetas da Bahia — Século XVII ao Século XX. Organização de Ildásio Tavares, notas biobibliográficas de Simone Lopes Pontes Tavares. Rio de Janeiro: Imago/FBN, 2001.

100 anos de poesia — um panorama da poesia brasileira no século XX. 2 v. Organização de Claufe Rodrigues e Alexandra Maia. Rio de Janeiro: O Verso Edições, 2001.

Antologia da poesia brasileira/antologia de la poesia brasileña. Organização e introdução de Xosé Lois García. Santiago de Compostela — Galiza: Edicións Laiovento, 2001.

Poesia brasileira do século XX — dos modernos à actualidade. Seleção, introdução e notas de Jorge Henrique Bastos. Lisboa: Antígona, 2002.

Poesia straniera — portoghese e brasiliana. Organização de Luciana Stegagno Picchio. Roma: Grupo Editoriale L'Espresso S.p.A., 2004.

Poesia brasileira hoxe. Introdução e organização de Alexei Bueno. Santiago de Compostela: Danú Editorial, 2004.

El mundo al outro lado (Ochenta fotografias para ochenta poetas). Espanha: Junta de Castilla y León, 2004.

Antologia panorâmica do conto baiano — século XX. Organização e introdução de Gerana Damulakis. Coleção Nordestina — Editus, Editora da UESC, Ilhéus, Bahia, 2004.

Os rumos do vento/Los rumbos del viento (Antologia de poesia). Coordenação de Alfredo Pérez Alencart e Pedro Salvado.

Salamanca: Câmara Municipal do Fundão/Trilce Ediciones, 2005.

Quartas histórias — contos baseados em narrativas de Guimarães Rosa. Organização de Rinaldo de Fernandes. Rio de Janeiro: Garamond, 2006.

Ficção — histórias para o prazer da leitura. Organização e introdução de Miguel Sanches Neto. Belo Horizonte: Editora Leitura, 2007.

Contos para ler no bar. Organização e introdução de Miguel Sanches Neto. Rio de Janeiro: Record, 2007.

EM CD

"História". Leitura de Maria Barroso. *Vozes poéticas da lusofonia.* Sintra: Gravisom, 1999.

Poemas. Leitura do autor. Salvador: Grandes Autores/Capitania dos Peixes, 2001.

Sobre a poesia do Autor

BARBOSA, Hildeberto. "Esse tesouro de ausências". *O Norte*, João Pessoa, PB, 02/08/1998.

_____. "A essencialidade perceptiva das coisas". *A União*, suplemento "Ideias". João Pessoa, PB, 28/29/07 de 2001.

BRASILEIRO, Antonio. "Um prefácio de Antonio Brasileiro." In: *Heléboro*. Salvador: Edições Cordel, 1974. Republicado em *Julgado do vento* (Rio de Janeiro: Civilização Brasileira, 1979), *Morte secreta e poesia anterior* (Rio de Janeiro: Philobiblion, 1984) e *A canção de Beatriz e outros poemas* (São Paulo: Brasiliense, 1990).

_____. "Densidade e Leveza". *Poesia Sempre*, Rio de Janeiro: nº 7, 1997.

BRITO, Antonio Carlos (Cacaso) de. " Concursos e concorrentes". *Leia Livros*, São Paulo: 4 (43): 5, 15/02/1982.

BRITO, Mario da Silva. Apresentação de *Julgado do vento*. Rio de Janeiro: Civilização, 1979.

BRITTO, Paulo Henriques. *Um poeta lírico*. In: *Memória da chuva*. Rio de Janeiro: Nova Fronteira, 1996, pp. 11-14.

BUENO, Alexei. Apresentação de *Memória da Chuva*, op. cit.

_____. Apresentação de *Poesia reunida e inéditos*. Rio de Janeiro: Record, 1998.

_____. *Uma história da poesia brasileira*. Rio de Janeiro: G. Ermakoff, 2007.

CAMPOS, Juscilândia Oliveira Alves. "O erotismo e suas formas na poesia brasileira". In: *Disseminações do desejo: o erotismo em João Cabral de Melo Neto*. Dissertação de mestrado. Feira de Santana, Bahia, 2005, pp. 73-74.

DAMULAKIS, Gerana. "Livro de sonetos". Salvador: *A Tarde* (Caderno 2, coluna *Leitura*, p. 5), 04/12/2000.

FERNANDES, Rinaldo de. *Ruy Espinheira Filho — poeta das perdas*. Curitiba: *Rascunho*, coluna Rodapé, fevereiro de 2008.

FERREIRA, Izacyl Guimarães. "Forma conquistada: a propósito de Ruy Espinheira Filho". http://www.jornaldepoesia.jor.br./izacyl14.htlm.

_____. *Elegia de agosto e outros poemas*. São Paulo: Revista da UBE — União Brasileira de Escritores —, nº 111, outubro de 2005, pp. 85-86.

_____. *Brevíssimo panorama da poesia brasileira contemporânea*. http://www.ube.org.br/lermais_materias.php?cd_materias=1423.

_____. *Mestria, cânone, permanência*. São Paulo: Revista da UBE — União Brasileira de Escritores —, nº 116, agosto de 2007, pp. 61-63.

FIGUEIREDO, Rubens. "Precisão". *Jornal do Brasil*, Rio de Janeiro, 22/9/1979, Caderno B, suplemento *Livro*, p. 11.

FONSECA, Aleilton. "Tangências e levezas." Apresentação de *A cidade e os sonhos/Livro de sonetos*. Salvador: Edições Cidade da Bahia/Fundação Gregório de Mattos, 2003, 132 p.

FREITAS, Alana. "Ruy Espinheira Filho e as arquiteturas da memória". *Tribuna Cultural*. Feira de Santana-BA, 20/03/2005.

FREITAS, Iacyr Anderson. "Os reinos submersos". *Tribuna de Minas*, Juiz de Fora, 22/9/1996, Caderno 2, p. 6. Republicado em *Poiésis Literatura*, Petrópolis-RJ, n° 40, outubro de 1996, e *A Tarde Cultural*, Salvador, BA, 26/10/1996.

_____. *O desamparo no jardim*. In: *Quatro estudos*. Juiz de Fora-MG: Edições d'Lira, 1998, pp. 5-12.

_____. "As perdas luminosas: uma análise da poesia de Ruy Espinheira Filho". Dissertação de mestrado na Universidade Federal de Juiz de Fora. Salvador: EDUF-BA/Casa de Palavras, 2001, 148 p.

GOMES, João Carlos Teixeira. "A música". *Jornal da Bahia*, Salvador, 21/12/1980.

GUERRA, Guido. "Ruy Espinheira Filho desenterra seus mortos". *O Estado de S. Paulo*, Caderno 2, Especial Domingo, 30/6/96, p. 12.

GUIMARÃES, Torrieri. "Inquietação e verdade na alma deste poeta." *Folha da Tarde*, São Paulo, 13/2/1980.

HERRERA, Antonia Torreão. "A lírica de Ruy Espinheira e suas interseções". In: *O olhar de Castro Alves — ensaios críticos de literatura baiana*. Salvador: Assembleia Legislativa do Estado da Bahia/Academia de Letras da Bahia, 2008, pp. 388-396.

HOHFELDT, Antonio. "Os tempos piores de Ruy". *Correio do Povo*, Porto Alegre, 13/4/1982.

JUNKES, Lauro. "Baiano e mineira conquistam o Prêmio Cruz e Sousa". *Suplemento Literário Minas Gerais*, Belo Horizonte, 15 (808): 4-5, 27/3/1982.

JUNQUEIRA, Ivan. "Metro curto, metro longo, alta qualidade." *O Globo*, Rio de Janeiro, 16/9/1979.

_____. "Sombras luminosas". In: *O encantador de serpentes* (ensaios). Rio de Janeiro, Alhambra, 1987, pp. 180-184.

_____. "O lirismo elegíaco de Ruy Espinheira Filho". In: *Exu* (revista trimestral da Fundação Casa de Jorge Amado), nº 35. Salvador, BA, 1997. Republicado em: *O fio de dédalo* (ensaios). Rio de Janeiro: Record, 1998, pp. 72-89; e como prefácio de *Elegia de agosto e outros poemas*. Rio de Janeiro: Bertrand Brasil, 2005.

LANZILLOTTI, Luciano. "Presença de ausência: tempo e memória na poesia de Ruy Espinheira Filho." Dissertação de mestrado. Rio de Janeiro: UFRJ, 2007.

LIMA, Ricardo Vieira. "Waly Salomão, Ruy Espinheira Filho e Antonio Risério — Três faces da moderna poesia baiana." Rio de Janeiro: *Tribuna da Imprensa*, 9/3/1998, caderno *Bis*, p. 1.

LUCAS, Fábio. "A literatura que sobrevive fora das manchetes e dos periódicos". Brasília: *Correio Braziliense*, 26/5/1991.

MARINO, Alexandre. "Poética da memória". Brasília: *Correio Braziliense*, 18/7/1996, caderno Dois, p. 2.

MARTINS, Floriano. "Memorialismo e lírica nos versos de Ruy Espinheira Filho". *Jornal da Tarde*, São Paulo: Caderno de Sábado, 27/02/1999, p. 4.

MARTINS, Wilson. "A teoria e a prática do soneto". *O Globo*. Caderno *Prosa & Verso*, 14/01/1997.

_____. "O tempo e o modo". *O Globo*. Caderno *Prosa & Verso*, 24/10/1998.

_____. "Os sonetos". *O Globo*. Caderno *Prosa & Verso*, p. 4, 24/02/2001.

MASSI, Augusto. "A nova e a velha poesia." *Folha de São Paulo*, caderno *Mais!*, 27/4/1997, p. 12.

MATTOS, Florisvaldo. *Saudação a Ruy Espinheira*. Discurso de recepção na Academia de Letras da Bahia. Salvador: Revista da Academia de Letras da Bahia, nº 45, 2002, pp. 377-384.

MIGUEL, Salim. "Movimentos de uma Sinfonia". *O Estado*, Florianópolis, 8/11/1981, p. 26.

MOISÉS, Carlos Felipe. "A canção de Beatriz". In: suplemento *Cultura* de *O Estado de São Paulo*, ano VIII, nº 560, 4/5/1991, p. 10.

MOREIRA, Virgílio Moretzsohn. "Em versos medidos, as cores sóbrias da vida despojada". *O Globo*, 2º Caderno, 11/11/1984.

MOTA, Valéria Lessa. *O inquilino do incêndio — poesia e experiência urbana em Ruy Espinheira Filho*. Dissertação de mestrado. Feira de Santana-Bahia: 2002, 199 p.

_____. *Sombras sobre a cidade: uma leitura de "Poções revisitado: algumas notas"*, poema de Ruy Espinheira Filho. In *Memória conquistense*: Revista do Museu Regional de Vitória da Conquista. Edições UESB, 2007, pp. 199-220.

PINTO, Sérgio de Castro. "Ruy Espinheira Filho". In: *Jornal da Paraíba*, caderno Vida/Geral, p. 3. João Pessoa: 06/03/2005

PÓLVORA, Hélio. "Poeta de epifanias". In: *A Tarde Cultural*. Salvador, Bahia, 13/4/1996, p. 9.

PY, Fernando. "Livros de poesia". Petrópolis, RJ: *Diário de Petrópolis*, 15/12/1996, caderno Domingo, p. 12.

_____. "Seis poetas baianos". Petrópolis, RJ: *Poiésis Literatura*, nº 54, dezembro de 1997.

_____. "Livros de poesia". Petrópolis, RJ: *Tribuna de Petrópolis*, 19/12/1999.

_____. "Poesia variada". Petrópolis, RJ: *Tribuna de Petrópolis*, 19/12/2004.

RESSTOM, Guilherme Vaz de Oliveira. "Ruy Espinheira Filho e a memória". *Sebastião*, nº 01, São Paulo, 2001.

SALLES, David. "Dois poetas de hoje". *A Tarde*, Salvador, BA, 15/9/1979.

SAMYN, Henrique Marques. "A menina e a morte". http://www.jornaldepoesia.jor.br/marques.html.

_____. "Entre o amor e a ausência". *Cultural A Tarde*, Salvador, 01/10/2005, p. 10.

_____. "O poeta, a menina e a morte." Rio de Janeiro: *Poesia sempre*, nº 25. Fundação Biblioteca Nacional, 2006.

SANCHES NETO, Miguel. "A torre e a lua". *Gazeta do Povo*, Curitiba, 7/10/1996, Caderno G, p. 4.

_____. "Memória enluarada". In: *Blau* (revista bimestral de literatura), nº 16. Porto Alegre, 1997.

_____. "Quando as sombras são luminosas". *Gazeta do Povo*, Curitiba, 14/09/1998. Republicado em *A Tarde Cultural*, Salvador, Bahia, 22/05/1999, p. 11.

_____. "O soneto, Ruy e o idioma da Camões". In: ESPINHEIRA FILHO, Ruy. *Livro de sonetos*. 2ª ed. rev. ampl. Salvador: Edições Cidade da Bahia, pp. 15-19.

_____. "Cidade memorável". *Gazeta do Povo*, Curitiba, 17/03/2003, Caderno G.

_____. Apresentação de *Elegia de agosto e outros poemas*. Rio de Janeiro: Bertrand Brasil, 2005.

_____. "Animal recordativo". *Gazeta do Povo*, Caderno G. Curitiba, 06/06/2005. Republicado no *Jornal do Brasil*, Caderno B, 08/06/2005.

SANTANA, Valdomiro. "A grande dor das coisas que passaram". *A Tarde*, Salvador, BA, 30/12/1990.

SAVARY, Olga. "A canção de Beatriz e outros poemas, de Ruy Espinheira Filho." Prefácio a *A canção de Beatriz e outros poemas*. Salvador/São Paulo: Jornal da Bahia/ Brasiliense, 1990.

SCHULER, Donaldo. "Espinheira, testemunho de um momento." *O Estado de São Paulo*, 29/11/1981.

SEFFRIN, André. Apresentação de *Livro de sonetos*. *Livro de sonetos*. 2ª ed. rev. ampl. Salvador: Edições Cidade da Bahia, 2000.

_____. "Poesia e memória". Rio de Janeiro: *O Pasquim*, nº 54, p. 31, 2003.

SEIXAS, Cid. "Uma verdadeira antologia poética". *A Tarde*, Salvador, BA, 6/5/1996, Caderno 2, p. 7. Texto republicado in: SEIXAS, Cid: *Triste Bahia Oh! Quão Dessemelhante — notas sobre a literatura na Bahia*. Salvador, BA: EGBA/Secretaria de Cultura e Turismo, col. As Letras da Bahia, 1996, pp. 219-222.

_____. "O Lirismo como expressão pessoal". *A Tarde*, Salvador, BA, 14/4/1997, Caderno 2, p. 5.

_____. "Saltos de invenção". *A Tarde Cultural*. Salvador, 06/01/2001, pp. 10-11.

SILVA, Vera Maria Tietzmann. "Tempo e memória (uma leitura de *Memória da chuva*, de Ruy Espinheira Filho". *O Popular*, Goiânia, GO, 02/10/1998, supl. Vestilivros — A Literatura do Vestibular, pp. 5-8.

_____. "Memória da chuva: poemas". *Diário da Manhã*, Goiânia, GO, 06/12/1998, supl. Universidade, p. 2.

SIMÕES, Alex. "O que ler no poema: crítica e criação literária em Ruy Espinheira Filho." Dissertação de mestrado. Salvador: Universidade Federal da Bahia, 2004, 110 p.

TAVARES, Ildásio. "O poeta Ruy, a OSBA e Carlos Veiga". *Tribuna da Bahia*, Salvador, BA, suplemento Cultura, 17/9/1991, p. 5.

TAVARES, Simone Lopes Pontes. "Ruy Espinheira Filho". In: *A paixão premeditada*. Salvador/Rio de Janeiro: Fundação Cultural do Estado da Bahia/Imago, 2000, pp. 37 e 335.

VARGAS, Suzana. "A força lírica de um poeta baiano que não se entrega aos modismos". Rio de Janeiro: *O Globo*, suplemento *Prosa & Verso*, p. 4, 03/10/1998.

VIANA, Antônio Carlos. "Ítaca não há mais". In: *Arte & Palavra*, suplemento cultural do *Jornal da Manhã*, Aracaju, SE, nº 11, agosto de 1991, p. 6.

WILLER, Claudio. "Ruy Espinheira, um bom poeta baiano". São Paulo: *Retrato do Brasil*, nº 43, 25/11/1986.

XAVIER, Jayro José. "Ruy Espinheira Filho: Julgado do Vento". *Colóquio/Letras*, Lisboa, (58): 96-97, novembro de 1980.

_____. Apresentação de *Antologia breve*. Rio de Janeiro: UERJ, Dep. Cultural, Col. Poesia na UERJ, 1995, 30 p.

Impresso no Brasil pelo
Sistema Cameron da Divisão Gráfica da
DISTRIBUIDORA RECORD DE SERVIÇOS DE IMPRENSA S.A.
Rua Argentina 171 – Rio de Janeiro, RJ – 20921-380 – Tel.: 2585-2000